中国文化深度旅游指南丛书（宗教系列）

漫步中国

EXPLORING CHINA

漫步清真寺
EXPLORING MOSQUE

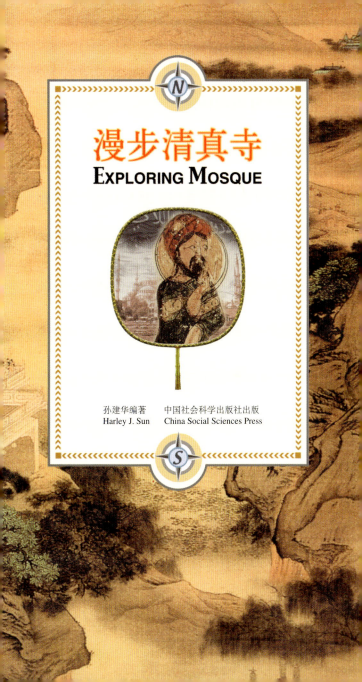

孙建华编著　　中国社会科学出版社出版
Harley J. Sun　　China Social Sciences Press

Exploring CHINA®

《漫步中国》编辑委员会 《Exploring China》Team

项目主编：孙建华	Project Editor: Harley J. Sun
美术主编：徐莉君	Art Editor: Neewa L. Xu
版面设计：妮娲图书工作室	DTP Desiner: Neewa Book Studio
地图设计编编：妮娲地图工作室	Map Editor: Neewa Map Studio
插图设计：妮娲广告工作室	Illustrator: Neewa Ad Studio
图片与资料编辑：娅莉	Photo Editor: Aya
摄影师：武华、阿步、木林森	Photographer: Wuhua, Arboo, Mu
摄影：新图摄影工作室	Photography: Xintu Studio
宗教顾问：祖明	Religion Consultant: Zu Ming
语言文字顾问：孙屹	Literature Consultant: Sun Yi
项目协调：简狄	Coordinator: Jian Di

《漫步中国》编辑委员会特别鸣谢：所有资源提供和参与者
地址：北京西城区三里河邮局甲68楼3-201 邮编：100045
传真：010-68576046 手机：13801206641 电子邮箱：harleysun@yahoo.com

图书在版编目（CIP）数据

漫步清真寺 / 孙建华编著. －北京:中国社会科学出版社，2008．4
ISBN 978 - 7 - 5004 - 6862- 2

Ⅰ.漫... Ⅱ.孙... Ⅲ.清真寺－简介－中国
Ⅳ. B967.2

中国版本图书馆CIP数据核字（2008）第 047213 号

责任编辑 喻苗
责任校对 宗和
封面设计 徐莉君、阿步
版式设计 徐莉君、华力

出版发行 中国社会科学出版社
社　址 北京鼓楼西大街甲 158 号　邮　编 100720
电　话 010-84029453　　　　　传　真 010-84017153
网　址 http://www.csspw.cn
经　销 新华书店
印刷装订 北京画中画印刷有限公司
版　次 2008 年 1 月第 1 版　印　次 2008 年 1 月第 1 次印刷
开　本 889 × 1194　1/48
印　张 10
字　数 240 千字　　　　　　印　数 10000 册
定　价 28.00 元

孙建华 编著、出品人
Harley J. Sun

作者寄语

自80年代走出清华校园留学、工作、寄居美国多年以来，始终想做和最终选择的事就是将中国文化尽快整体介绍到欧美及全球，让祖宗的文化有立于世界文化之林的平等地位。我们从采用多媒体光盘载体、多媒体静态数据库、到互联网站，又回到采用中国古代就发明出来的纸印刷传统图书媒体去传播中国传统文化、历史和语言。听上去这外是一种常规的发展路线，为此我们周折了十九年。回顾这些年中国文化融入世界文化生态环境过程，大致经历了三个阶段。80年代港台及海外华人唱主角，90年代大陆声音崛起，21世纪第一个十年全球华人开始步入对同根同族同宗统一中华文化全面认同的时代。中华文化今天的发展如同接纳了百川之水的长江黄河，积蓄与汇集起了全球亿万华人的整体力量和无限智慧，已经形成了一股不可抗拒的时代洪流，中国文化再现辉煌的时代即将来临。我与编创团队2008年将陆续出版54种《漫步中国》新书，谨以此献给2008年北京奥运会，并预祝《漫步》图书读者朋友吉祥！

2008 年 1 月 1 日
北京·后海

Personal Data & Contact:
Harley J. Sun
Writer, Editor & Publisher
BS Qinghua University,China
MBA Stern School, NYU,USA
Mobile: 86-1380-120-6641
Fax: 86-010-86576046
Email:harleysun@yahoo.com

目录
CONTENTS

清真寺
MOSQUE

畅游清真寺
TRAVELING MOSQUE

《漫步清真寺》阅读和使用说明

《漫步清真寺》是对中国清真寺旅游观光资源系统完整的最新简明图文实用指南。全书用三种不同篇幅比重分别突出介绍十大清真寺，重点介绍分省首推清真寺，简明介绍各省其他著名清真寺及伊斯兰教古迹旅游资源。该书内容由三个主要部分构成：

A 中国清真寺总体概述
B 中国十大清真寺介绍
C 中国分省首推清真寺及其他综合指南

中国清真寺总体概述

整体介绍中国自秦汉至今约两千年清真寺的历史沿革、建筑类别与地理分布及文化旅游观光意义。

中国十大清真寺介绍

突出介绍中国十大清真寺的宗教建筑与实用旅游观光信息。

清真寺历史资料介绍

清真寺建筑典范介绍

五种手册式图书检索方式

主目录检索

地域色标检索（勒口）

汉语拼音检索（最后一页）

中国分省首推清真寺及其他综合指南

本书主体部分，按8大自然地域34个省级区划依次逐一介绍各省首推清真寺及分省其他著名清真寺建筑。

1. 中国8大自然地域检索地图

中国8大自然地域为首都北京地区、华北地区、华中地区、华东地区、东北地区、西北地区、华南地区、西南地区。

2. 分省首推清真寺主体介绍

八大自然地域地图
清真寺目录检索
主体文字介绍
中国位置图

实用信息
分省位置图
导游位置图
清真寺图片
分省地貌区划图
清真寺列表

分省首推清真寺延伸介绍

3. 分省著名清真寺综合指南

地图区划检索（封二）

历史时间检索（封三）

素描中国清真寺

　　伊斯兰教传入中国显然是与历史上举世闻名的欧亚大陆古文明干线丝绸之路有着密切的关系，但究竟是从沙漠丝绸之路，还是草原丝绸之路或是海上丝绸之路最先到达中国盛唐古都长安，仍然有待更多地考古发现去充分证实。而今天的事实是超过三万座清真寺遍布中国大地，最早的清真寺已有千年以上的历史。

历史沿革　在中国文物界、宗教界、建筑界和旅游界共同享有盛誉的广州怀圣寺始建于唐代贞观年间，距今已有1300多年的历史。怀圣寺街门儿上方一方石匾上行云流水般的阿拉伯文，意为"中国第一清真寺"。唐宋时期来华定居的穆斯林建造的清真寺多集中于中国沿海通商口岸城市，尽管其中有些穆斯林居住期长达五六代并与汉人通婚，却仍被官方认为是侨民。宋代福建泉州清净寺是一座十分珍贵的阿拉伯式寺院建筑遗存。元代穆斯林大量移居中国，清真寺突破了唐宋时期的地域局限，扩展到中国各地。清真寺建筑风格随之出现了从阿拉伯式建筑向中国古典园林寺庙建筑过渡或混合的建筑形式。明清两朝的约600年中，中国内地清真寺逐渐完成了由阿拉伯式向中国建筑风格的过渡。完整对称的建筑布局、木结构的建筑形制、园林式古典庭院与传统装饰色彩是明清时期内地主流清真寺的四大基本特点。

建筑类别　中国清真寺的建筑风格主要有阿拉伯和波斯建筑与中国传统古典园林寺庙建筑两大类别。国家文物局从1961年至2006年所公布的六批全国重点文物保护单位2348项中有15座清真寺塔墓位列其中。11座属中国古典建筑为主体风格的清真寺(陕西西安化觉寺、甘肃天水后街清真寺、宁夏吴忠同心大寺、黑龙江齐齐哈尔卜奎清真寺、河北沧州泊头清真寺、山东济宁东大寺、浙江杭州凤凰寺、北京宣武区牛街清真寺、河南焦作沁阳北大寺、开封东大寺、开封朱仙镇清真寺)，四座是阿拉伯建筑文化风格为主体的清真寺(新疆喀什艾提尕尔清真寺、吐鲁番苏公塔清真寺、广东广州怀圣寺、福建泉州清净寺)。

地理分布　大约有超过三万座伊斯兰教清真寺分布在中国包括台湾、香港、澳门地区在内的34个省级行政区划之中，其中新疆维吾尔自治区一地就拥有近三万座清真寺。中国56个民族的15个少数民族信仰伊斯兰教的信众有近两千万人，其中新疆维吾尔自治区与宁夏回族自治区为伊斯兰教主要集中分布区，占伊斯兰教信众总人数的80%以上。

丝绸之路与清真寺

SILK ROAD & MOSQUE

古丝绸之路是连接人类四大文明（古罗马、古埃及、古印度与古中国）国度的伟大通道。而今天东起中国连云港，经中亚诸国，至欧洲荷兰鹿特丹港以现代化铁路与高速公路网构成的跨欧亚大陆的新丝绸之路已经诞生。

古丝绸之路著名城市

西安	固原	兰州	酒泉	吐鲁番	伊宁	阿克苏	和田
咸阳	平凉	武威	嘉峪关	乌鲁木齐	霍城	喀什	叶城
宝鸡	银川	金昌	安西	昌吉	库尔勒	且末	莎车
天水	西宁	张掖	哈密	乌苏	库车	于阗	红旗拉甫

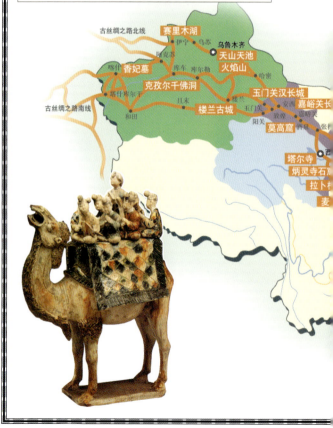

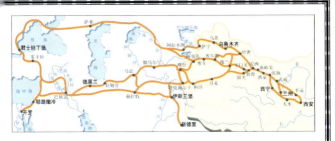

古丝绸之路著名清真寺

化觉巷清真大寺(陕西西安)
大学习巷清真大寺(陕西西安)
大皮院清真寺(陕西西安)
咸阳清真寺(陕西咸阳)
汉中路清真寺(陕西宝鸡)
群众路清真寺(陕西宝鸡)
纳家户清真寺(宁夏银川)
东关清真寺(宁夏中卫)
同心清真寺(宁夏吴忠)
清真大寺(宁夏固原)
东关清真大寺(青海西宁)
东关清真寺(甘肃兰州)
西关清真大寺(甘肃兰州)
骆驼城清真寺(甘肃张掖)
白银清真寺(甘肃白银)
合作市清真大寺(甘肃甘南)
永昌路清真寺(甘肃金昌)
城关清真寺(甘肃酒泉)
桥头清真寺(甘肃临夏)
清真北大寺(甘肃平凉市)
清真东大寺(甘肃天水)
清真西大寺(甘肃天水)
东关清真大寺(甘肃武威)
陕西大寺(新疆乌鲁木齐)
库车大寺(新疆阿克苏)
广泉大寺(新疆昌吉)
陕西清真寺(新疆哈密)
和田大寺(新疆和田)
加玛清真寺(新疆喀什莎车)
阿孜那清真寺(新疆喀什莎车)
东大寺(新疆吐鲁番)
苏公塔清真寺(新疆吐鲁番)
西大寺(新疆吐鲁番)
伊犁河清真寺(新疆伊犁伊宁)
拜吐拉清真寺(新疆伊犁伊宁)
艾提尕尔大清真寺(新疆喀什)
乌孜别克清真寺(新疆喀什)

隋唐著名清真寺分布（581—907年）
SUITANG DYNASTY (581—907)

隋唐基础数据	
隋朝年代：581-618年	
开国皇帝：隋文帝杨坚	
帝　王：共3位皇帝	
都　城：西安	
唐朝年代：618-907年	
开国皇帝：唐高祖李渊	
帝　王：共21位皇帝	
都　城：西安	
王陵位置：西安	

开斋节

伊斯兰教历10月1日

又称"肉孜"节（波斯语音译，意为"斋戒"）。教法规定，教历9月斋戒一月，斋月最后一天寻看新月，见月的次日开斋，即为开斋节，并举行会礼和庆祝活动。

宰牲节

伊斯兰教历12月10日

又称"古尔邦"节，即朝觐者在麦加活动的最后一天，每逢这一节日，穆斯林沐浴盛装，到各清真寺举行会礼，互相拜会，宰牛、羊、骆驼，除了自食以外，互相馈赠，或送给清真寺。

三大节日

隋唐著名清真寺

❶ 化觉寺
（陕西省西安市）

❷ 古润寺
（江苏省镇江市）

❸ 怀圣寺
（广东省广州市）

❹ 大学习巷清真寺
（陕西省西安市）

❺ 福州清真寺
（福建省福州市）

❻ 太原清真古寺
（山西省太原市）

❼ 郑州清真大寺
（河南省郑州市）

朝鲜

哈尔滨

沈阳

渤海

朝鲜

黄海

日本海

日本

上海

东海

杭州

南昌

扬州

台北

台湾海峡

太平洋

菲律宾

亚

圣纪（圣忌）
伊斯兰教历3月12日

圣纪是穆罕默德的诞生日。圣忌是穆罕默德的逝世日。相传穆罕默德诞生于公元571年4月20日（教历3月12日），逝世于公元632年的4月20日。

登霄节
伊斯兰教历7月17日

传说穆罕默德52岁时，在教历7月17日的夜晚，由天使哲布勒伊来陪同，从麦加到耶路撒冷，又从那里登宵，遨游七重天，见到了古代先知和天国、火狱等，黎明时返回麦加。

盖得尔夜
伊斯兰教历9月27日

也称"平安之夜"。传说安拉于该夜通过哲布勒伊来天使开始降降《古兰经》。据《古兰经》载，该夜作一件善功胜过平时一千个月的善功。

宋代著名清真寺分布(907—1279年)
SONG DYNASTY (907 — 1279)

五代、宋代基础数据

总年代:	907–1279 年
五代十国:	907–960 年
北　宋:	960–1127 年
南　宋:	1127–1279 年
都　城:	北宋 — 开封
	南宋 — 杭州
王陵位置:	河南、浙江

（地图标注：俄罗斯、哈萨克斯坦、克烈部、蒙古、乌鲁木齐、乌兹别克斯坦、吉尔吉斯斯坦、西辽、西夏、银川、土库曼斯坦、塔吉克斯坦、兰州、伊朗、阿富汗、克什米尔、吐蕃等部、拉萨、巴基斯坦、成都、重庆、尼泊尔、锡金、不丹、印度、孟加拉国、大理、印度、缅甸、老挝、越南、泰国、東埔寨、印度洋、斯里兰卡、马六甲海峡、马来、印度）

开斋节
伊斯兰教历10月1日
又称"肉孜"节（波斯语音译，意为"斋戒"）。教法规定：教历9月斋月，斋月最后一天开斋新月。见月的次日开斋，即为开斋节，并举行会礼和庆祝活动。

宰牲节
伊斯兰教历12月10日
又称"古尔邦"节，即朝觐者在麦加活动的最后一天。每逢这一节日，穆斯林沐浴盛装，到各清真寺举行会礼，互相拜会。宰牛、羊、骆驼，除了自食以外，互相馈赠，或送给清真寺。

宋代著名清真寺

❶ 凤凰寺
（浙江省杭州市）

❷ 仙鹤寺
（江苏省扬州市）

❸ 牛街清真寺
（北京市宣武区）

❹ 清净寺
（福建省泉州市）

❺ 开封犹太教清真寺
（河南省开封市）

❻ 寿县清真寺
（安徽省六安市）

圣纪（圣忌）
伊斯兰教历3月12日

圣纪是穆罕默德的诞生日，圣忌是穆罕默德的逝世日。相传穆罕默德诞生于公元571年4月20日（教历3月12日），逝世于公元632年的4月20日。

登霄节
伊斯兰教历7月17日

传说穆罕默德52岁时，在教历7月17日的夜晚，由天使嘉布勒伴随同行，从麦加到耶路撒冷，又从那里"登宵"，游历七重天，见到了古代先知和天国、火狱等，黎明时返回麦加。

盖得尔夜
伊斯兰教历9月27日

也称"平安之夜"。传说安拉于该夜通过天使嘉布勒向伊斯兰天使开始颁降《古兰经》，播《古兰经》载，该夜作一件善功胜过平时一千个月的善功。

素描
16

元代著名清真寺分布(1271-1368年)
YUAN DYNASTY (1271 — 1368)

俄罗斯

哈萨克斯坦

窝阔台汗国

蒙古

察合台汗国

乌鲁木齐

乌兹别克斯坦

吉尔吉斯斯坦

土库曼斯坦

塔吉克斯坦

西宁 兰州

克什米尔

阿富汗

伊朗

巴基斯坦

尼泊尔 拉萨 成都 重庆

锡金 不丹 印度

孟加拉国 昆明

缅甸 老挝 越南

印度 泰国

柬埔寨

印度洋

斯里兰卡

马来西亚

马六甲海峡

元代基础数据	
年 代：1271-1368 年	
开国皇帝：元世祖忽必烈	
帝 王：元代共 10 位皇帝	
延续时间：约 97 年	
都 城：元上都（内蒙古）	
	元中都（河北）
	元大都（北京）
王陵位置：无确定地址	

文 大节日

开斋节

伊斯兰教历10月1日

又称"肉孜"节（波斯语音译），意为"斋戒"。教法规定，教历9月斋戒一月，斋月最后一天寻看新月，见月的次日开斋，即为开斋节，并举行会礼和庆祝活动。

宰牲节

伊斯兰教历12月10日

又称"古尔邦"节，即朝觐者在麦加活动的最后一天，逢这一节日，穆斯林沐浴盛装，到各清真寺举行会礼，互相拜会，宰牛、羊、骆驼，除了自食以外，互相馈赠，或送给清真寺。

元代著名清真寺

❶ 真教寺
  （浙江省杭州市）

❷ 后街清真寺
  （甘肃省兰州市）

❸ 邵武清真寺
  （福建省南平市）

❹ 松江清真寺
  （上海市）

❺ 东四清真寺
  （北京市东城区）

❻ 临清清真寺
  （山东省聊城市）

❼ 桂林清真古寺
  （广西桂林市）

哈尔滨

长春

沈阳

北京 朝鲜

天津 韩国

济南 黄海

合肥 上海

杭州 东海

南昌

福州 台湾

台北

港 台湾海峡

海

日本海

日本

太平洋

菲律宾

亚

N
W E
S

圣纪（圣忌）
伊斯兰教历3月12日

圣纪是穆罕默德的诞生日，圣忌是穆罕默德的逝世日，相传穆罕默德诞生于公元571年4月20日（教历3月12日），逝世于公元632年的4月20日。

登霄节
伊斯兰教历7月17日

传说穆罕默德52岁时，在教历7月17日的夜晚，由天使哲布勒伊来陪同，从麦加到耶路撒冷，又从那里"登霄"，遨游七重天，见到了古代先知和天园、火狱等；黎明时返回麦加。

盖得尔夜
伊斯兰教历9月27日

也称"平安之夜"，传说安拉于该夜通过伊斯拉菲勒向穆罕默德开始颁降《古兰经》，据《古兰经》载，该夜作一件善功胜过平时一千个月的善功。

五大节日

素描
18

明代著名清真寺分布(1368—1644年)
MING DYNASTY (1368 — 1644)

鄂罗斯

瓦刺

哈萨克斯坦

蒙古

鞑靼

乌鲁木齐

亦力把里

乌兹别克斯坦

吉尔吉斯斯坦

塔吉克斯坦

银川

土库曼斯坦

西安

克什米尔

兰州

伊朗

阿富汗

成都

巴基斯坦

拉萨

重庆

尼泊尔

锡金 不丹

印度

孟加拉国

缅甸

老挝

越

泰国

柬埔寨 南

印 度 洋

斯里兰卡

马来

印

明代基础数据

年　　　代	1368－1644 年
开国皇帝	朱元璋
帝　　　王	共 16 位皇帝
延续时间	约 276 年
都　　　城	南京
	北京
王陵位置	北京、南京

X
大

开斋节
伊斯兰教历10月1日
又称"肉孜"节（波斯语音译，意为"斋戒"）。教法规定，教历9月斋戒一月。斋月最后一天开斋始新月，见月的次日开斋，即为开斋节，并举行会礼和庆祝活动。

宰牲节
伊斯兰教历12月10日
又称"古尔邦"节，即朝觐者在麦加活动的最后一天，每逢这一节日，穆斯林沐浴盛装，到各清真寺举行会礼，互相拜会，宰牛、羊、骆驼，除了自食以外，互相馈赠，或送给清真寺。

素描
19

明代著名清真寺

❶ 净觉寺
（江苏省南京市）

❷ 沧州北大寺
（河北省沧州市）

❸ 沁阳北大寺
（河南省焦作市）

❹ 济宁东大寺
（山东省济宁市）

❺ 三亚回辉清真寺
（海南省三亚市）

❻ 三亚南寺
（海南省三亚市）

❼ 泊头清真寺
（河北省沧州市）

❽ 合肥清真寺
（安徽省合肥市）

❾ 兰州西关清真寺
（甘肃省兰州市）

❿ 西宁东关清真寺
（青海省西宁市）

⓫ 顺城街清真寺
（云南省昆明市）

哈尔滨 长春 沈阳 朝鲜 韩国 日本 日本海 黄海 东海 渤海 北京 天津 上海 杭州 合肥 南昌 福州 台湾 台北 台湾海峡 太平洋 菲律宾 海 亚

清真古寺

N W E S

圣纪（圣忌）
伊斯兰教历3月12日
圣纪是穆罕默德的诞生日，圣忌是穆罕默德的逝世日。相传穆罕默德诞生于公元571年4月20日（教历3月12日），逝世于公元632年的4月20日。

登霄节
伊斯兰教历7月17日
传说穆罕默德52岁时，在教历7月17日的夜晚，由天使带布勒伊柯陪同，从麦加到耶路撒冷，又从那里"登霄"，遨游七重天，见到了古代先知和天国、火狱等。黎明时返回麦加。

盖得尔夜
伊斯兰教历9月27日
也称"平安之夜"，传说安拉于该夜通过哲布勒伊柯天使开始颁降《古兰经》，据《古兰经》说，做作一件善功胜过平时一千个月的善功。

五 大 节 日

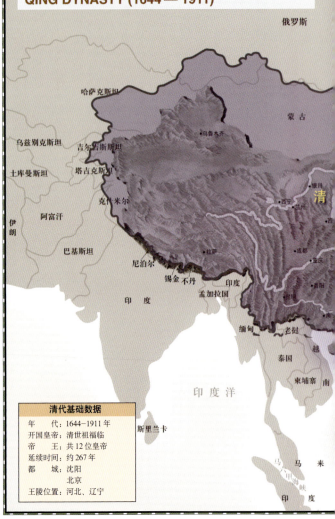

清代著名清真寺分布(1644—1911年)
QING DYNASTY (1644 — 1911)

俄罗斯

蒙古

哈萨克斯坦

乌兹别克斯坦
吉尔吉斯斯坦
土库曼斯坦
塔吉克斯坦

克什米尔

阿富汗

巴基斯坦

尼泊尔

锡金 不丹

印 度
孟加拉国

缅甸 老挝

泰国

柬埔寨 南

印 度 洋

斯里兰卡

乌鲁木齐
银川 西宁
兰州 清
成都
重庆
拉萨
昆明

伊朗

马 来

马六甲海峡

清代基础数据	
年　　代	1644—1911年
开国皇帝	清世祖福临
帝　　王	共12位皇帝
延续时间	约267年
都　　城	沈阳 北京
王陵位置	河北、辽宁

开斋节
伊斯兰教历10月1日
又称"肉孜"节（波斯语音译，意为"斋戒"）。教法规定，教历9月斋戒一月，斋月最后一天开始更新。见月的次日开斋，即为开斋节，并举行会礼和庆祝活动。

宰牲节
伊斯兰教历12月10日
又称"古尔邦"节，即朝觐者在麦加活动的最后一天，每逢这一节日，穆斯林沐浴盛装，到各清真寺举行会礼，相互拜会，宰牛、羊、骆驼，除了自食以外，互相馈赠，或送给清真寺。

清代著名清真寺

❶ 艾提尕尔清真寺
（新疆喀什市）

❷ 苏公塔寺
（新疆吐鲁番市）

❸ 同心清真寺
（宁夏同心县）

❹ 朱仙镇清真寺
（河南省开封市）

❺ 开封东大寺
（河南省开封市）

❻ 天津南关大寺
（天津市）

❼ 卜奎清真寺
（黑龙江省齐齐哈尔市）

❽ 呼和浩特清真大寺
（内蒙古呼和浩特市）

圣纪（圣忌）
伊斯兰教历3月12日
圣纪是穆罕默德的诞生日、圣忌是穆罕默德的逝世日。相传穆罕默德诞生于公元571年4月20日（教历3月12日）、逝世于公元632年的4月20日。

登霄节
伊斯兰教历7月17日
传说穆罕默德52岁时，在教历7月17日的夜晚，由天使哲布勒伊来陪同，从麦加到耶路撒冷，又从那里"登霄"，遨游七重天，见到了古代先知和天国，火狱等，黎明时返回麦加。

盖得尔夜
伊斯兰教历9月27日
也称"平安之夜"。传说安拉于该夜通过哲布勒伊来天使开始颁降《古兰经》。据《古兰经》载，该夜作一件善功胜过平时一千个月的善功。

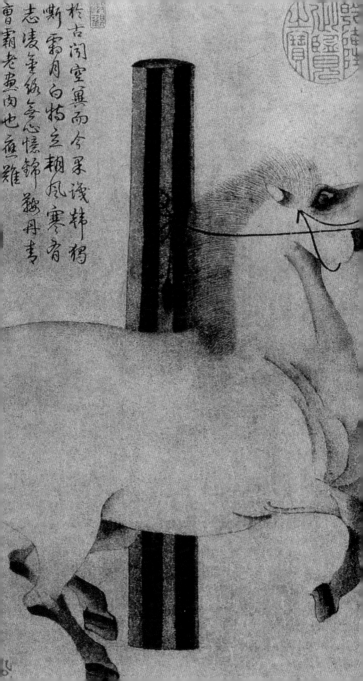

畅游清真寺
Traveling Mosque

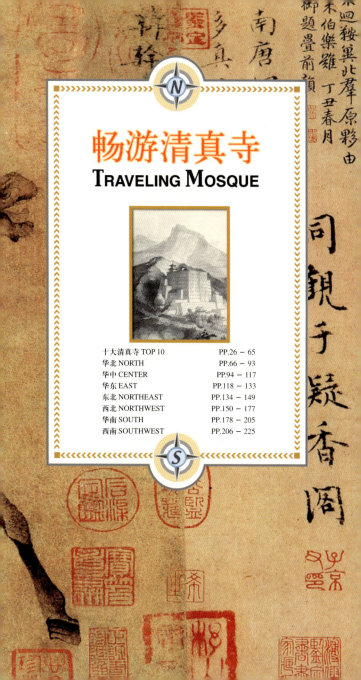

中国清真寺分布
CHINA

中国在世界的位置图

中华人民共和国简称中国，首都北京位于华北平原，现有 34 个省级行政区划，分布在华北、华中、华东、东北、西北、华南、西南等七大区域内。中国主要地貌类型占陆地面积比例为山地 33%、高原 26%、盆地 19%、平原 12%、丘陵 10%。中国主要河流有长江、黄河、淮河、珠江等。

中国距离参考图

（距离单位：公里）

艾提尕尔清真寺

位于新疆自治区喀什市中心，始建于15世纪中叶（1442年），总面积16800平方米，由礼拜堂、教经堂、门楼、水池和其他附属建筑物组成。是新疆地区最大的清真寺，现为全国重点文物保护单位。

牛街清真寺

位于北京市宣武区广安门内牛街，始建于辽代统和十四年（996年），为辽代入仕的阿拉伯学者纳苏鲁丁所创建。占地面积6000平方米，坐东朝西，是迄今北京保留的最古老、规模最大、最著名的清真寺，已列为全国重点文物保护单位。

艾提尕尔清真寺
AITIGAER MOSQUE

全国重点文物保护单位（2001年）

位置图

西北地区 新疆

概况 位于新疆自治区喀什市中心，始建于15世纪中叶（1442年），以后进行了多次的修缮和扩充。现存规模为1872年的大修建。艾提尕尔清真寺是新疆地区最大的清真寺，也是喀什地区各族穆斯林的宗教活动中心。现为全国重点文物保护单位。

导游 艾提尕尔清真寺总面积16800平方米，由礼拜堂、教经堂、门楼、水池和其他附属建筑物组成。寺的大门为浅蓝色，高约4.7米，门的上方刻有阿拉伯文的《古兰经》经文，周围衬托着具有维吾尔艺术风格的精美图案和花纹。大门楼高约12米，它的两边各竖有一个18米高的尖塔，塔顶端各有一召唤楼，楼顶立有一弯象征伊斯兰教的新月。门楼的后面是一个大拱北孜，其顶端亦托着一小尖塔，塔顶也有一弯用黄铜做成的新月。一进大寺两侧的圆形拱门，寺内庭院的花木及水池便呈现在人们眼前。再顺着用砖铺成的小道往前走，便来到礼拜堂的台阶前。礼拜寺分成内寺、外寺和棚檐几部分，总面积约2600平方米。寺顶是由158根浅蓝色的立柱托着，呈方格状。立柱四角为几何图形，上面刻有民族风格凸形花纹。

中国十大清真寺分布图

1. 艾提尕尔清真寺
2. 同心清真大寺
3. 化觉寺
4. 牛街清真寺
5. 凤凰寺
6. 怀圣寺
7. 清净寺
8. 后街清真寺
9. 西宁东关清真寺
10. 泊头清真寺

伊斯兰教三大圣地 TOP3 MOSLEM LAND

麦加 [禁寺] MECCA

麦地那 [先知寺] MEDINA

耶路撒冷 [远寺] JERUSALE

旅游指南(TOUR GUIDE)

地　　址：中国新疆维吾尔自治区喀什市
邮　　编：844000
电　　话：86-0998-2831600（旅游咨询）
开放时间：全天

旅游交通信息（TOUR INFO）

航空机场：喀什机场
铁路车站：喀什火车站
公　　路：国道219、314、315
水路码头：

新疆

导游图（TOUR MAP）

图例
中心城区 ●
城镇 ○
铁路
高速公路
国道
省级公路
境境

艾提尕尔清真寺

东湖

N W E S

艾提尕尔清真寺游览指南

AITIGAER MOSQUE

艾提尕尔清真寺是阿拉伯式伊斯兰建筑的典范，工艺精细，风格独特。每天到这里礼拜的人有2000多人，每星期五"居玛日"下午，远近的男穆斯林都要到此作一周之内最庄重的礼拜，人数约有6000多人。一年一度的"古尔邦"节，新疆各地都有穆斯林前来，礼拜人数可达2－3万人。

两座尖塔高约18米，分立大门楼的两边。塔顶端各有一召唤楼，楼顶立有一弯象征伊斯兰教的新月。

艾提尕尔（节日活动场所）

艾提尕尔清真寺既是宗教活动的中心，又是"古尔邦"节和"肉孜"节群众游乐歌舞的场所。每逢礼拜日和节日，成千上万的伊斯兰教徒集结在礼拜寺及大门内外的广场上，身着节日盛装的维吾尔族男青年会跳起"萨满"舞，场面十分热闹。

开斋节

伊斯兰教历10月1日

又称"肉孜"节（波斯语音译，意为"斋戒"），教法规定，教历9月需斋一月，斋月最后一天寻看新月，见月的次日开斋。到开斋节，举行礼拜和庆祝活动。

宰牲节

伊斯兰教历12月10日

又称"古尔邦"节，即朝觐者在麦加活动的最后一天。每逢这一节日，穆斯林沐浴盛装，到各清真寺举行会礼，互相拜会，宰牛、羊、骆驼，除了自食以外，互相馈赠，或送给清真寺。

礼拜堂

礼拜堂在寺院西部的一个高台上，总面积约2600平方米，分内殿和外殿。殿顶由158根浅蓝色的立柱托着，呈方格状分布。顶棚上和木柱的四角，都是精美的木雕和彩绘的藻井图案。立柱四角为几何图形，上面刻有民族风格凸形花纹。穆斯林进入廊檐必须脱鞋，不分贵贱，依次进入。

门楼匾额

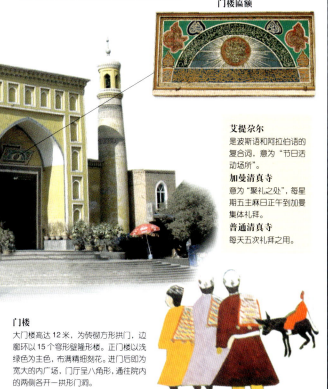

艾提尕尔

是波斯语和阿拉伯语的复合词，意为"节日活动场所"。

加曼清真寺

意为"聚礼之处"，每星期五主麻日正午到加曼集体礼拜。

普通清真寺

每天五次礼拜之用。

门楼

大门楼高达12米，为砖砌方形拱门，边廓环以15个弯形壁隆形楼。正门楼以浅绿色为主色，布满精细刻花。进门后即为宽大的内广场，门厅呈八角形，通往院内的两侧各开一拱形门洞。

圣纪（圣忌）
伊斯兰教历3月12日
圣纪是穆罕默德的诞生日，圣忌是穆罕默德的逝世日。相传穆罕默德诞生于公元571年4月20日（教历3月12日），逝世于公元632年的4月20日。

登霄节
伊斯兰教历7月17日
传说穆罕默德52岁时，在教历7月17日的夜晚，由天使哲布勒伊来陪同，从麦加到耶路撒冷，又从那里"登霄"，遨游七重天，见到了古代先知和天国、火狱等。黎明时返回麦加。

盖得尔夜
伊斯兰教历9月27日
也称"平安之夜"。传说安拉于这夜通过哲布勒伊来天使开始颁降《古兰经》。据《古兰经》载，该夜作一件善功胜过平时一千个月的善功。

同心清真大寺
TONGXIN MOSQUE

全国重点文物保护单位（1988年）

位置图
西北地区 宁夏

概况 位于宁夏回族自治区吴忠市同心县城西郊，始建于明代，清代乾隆五十六年（1791年）和光绪三十三年（1907年）曾两次重修。同心清真大寺是宁夏现存历史久远的清真寺之一。现为全国重点文物保护单位。

导游 同心清真大寺整体修建在高出地面达7米的青砖台面上，寺门前有一座仿木建筑的砖雕照壁，中间刻饰有大幅花木砖雕，刀法细致，构图精美。由券门通过暗道可登上高达数米的基台，台上首先见到的是二层四角攒尖顶的唤拜楼，楼亭上缀满了砖雕纹样，柱枋之间镂刻着硬木挂落，玲珑纤巧。越过唤拜楼侧的墙门，即进入礼拜大殿和南北讲堂组成的大院落，其中礼拜大殿由前后两殿勾连而成，可容1000余人同时礼拜。

资料 1936年中国工农红军西征时，曾在这里召开各界代表大会，成立了陕甘宁省豫海县回民自治政府。

中国十大清真寺分布图

❶ 艾提尕尔清真寺
❷ 同心清真大寺
❸ 化觉寺
❹ 牛街清真寺
❺ 凤凰寺
❻ 怀圣寺
❼ 清净寺
❽ 后街清真寺
❾ 西宁东关清真寺
❿ 泊头清真寺

伊斯兰教三大圣地 TOP3 MOSLEM LAND
麦加 [禁寺] MECCA
麦地那 [先知寺] MEDINA
耶路撒冷 [远寺] JERUSALEM

旅游指南(TOUR GUIDE)

地　　址：中国宁夏回族自治区吴忠市同心县
邮　　编：751300
电　　话：86-0953-2122697（旅游咨询）
开放时间：全天

旅游交通信息（TOUR INFO）

航空机场：银川河东机场、吴忠沙坡头机场
铁路车站：同心火车站
公　　路：国道109.
　　　　　高速公路银川至同心
水路码头：

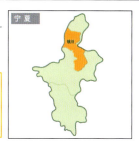

导游图（TOUR MAP）

图例
中心城区　●
城镇　○
铁路
高速公路
国道
省级公路
城墙

大河
红寺堡镇
沙泉
南川
韦洲镇
同
心
下马关镇
109
河西镇
丁塘镇
田老庄
同心县
同心清真大寺
王团镇
马高庄
高崖
予旺镇
李旺镇
张家垣

N
W　E
S

同心清真大寺游览指南

TONGXIN MOSQUE

同心清真大寺是宁夏现在规模最大、历史最久的一座伊斯兰教建筑，位于同心县西北角的一座高约4米的高台上，是城市的制高点。寺院融中国古典建筑与伊斯兰木刻砖雕装饰艺术为一体，具有较强的观赏性。在总体平面布局方面也很见匠心。由于人流主要集中在南面，寺院的总入口也布置在南部。历史上有不少知名的穆斯林学者曾在这里求学讲道。

红色旅游

当年西征红军在同心、盐池活动半年之久，留下了许多宝贵的革命遗迹、遗址。同心是西征红军政活动的核心区。1936年工农红军在同心清真大寺，召开各界代表大会，成立了陕甘宁省豫海县回民自治政府，实现了回族历史上的第一次回民自治。

清真寺建筑特点

清真寺不但是穆斯林进行宗教活动的场所，也是回族政治、经济和文化中心，还是穆斯林交流聚会、庆祝节日、办理婚事、举行殡仪、排除纠纷、学习宗教文化、进行体育锻炼等活动的场所。因此清真寺的建筑反映着穆斯林历史、经济、教育、艺术等方面的文化内涵。

开斋节

伊斯兰教历10月1日

又称"肉孜"节（波斯语音译，意为封斋）。教法规定，教历9月斋戒一月，期月最后一天寻觅新月，见月次日开斋，即为开斋节，并举行会礼和庆祝活动。

宰牲节

伊斯兰教历12月10日

又称"古尔邦"节，即朝觐者在麦加活动的最后一天，每逢这一节日，穆斯林沐浴盛装，到各清真寺举行会礼，互相拜会，宰牛、羊、骆驼，除了自食以外，互相馈赠，或给给清真寺。

照壁

是一座仿木建筑的砖照壁，按照清真寺内部装饰上严禁使用动物形象的原则，照壁的中心砖雕大幅花木图的"月桂松柏"图，十分精美。

唤拜楼

由券门通过暗道可登上高达数米的基台，台上首先见到的是唤拜楼，唤拜楼为二层四角攒尖顶楼亭，上缀满了砖雕纹样，柱枋之间镂刻着硬木挂落，玲珑纤巧。越过唤拜楼侧的墙门，就进入礼拜大殿和南北讲堂组成的大院落。

礼拜大殿

礼拜大殿坐西向东，是清真寺的主体建筑，由前、后两殿和门前的抱厦相互勾连而成，体态宏大，可容纳1000余人同时进行礼拜。礼拜大殿的屋顶由多座汉式屋顶前后串连组成，覆盖很大面积。宣礼楼与大殿比较变化多趣的侧立面一起，构成丰富的轮廓。

圣纪（圣忌）
伊斯兰教历3月12日

圣纪是穆罕默德的诞生日，圣忌是穆罕默德的逝世日，相传穆罕默德诞生于公元571年4月20日（教历3月12日），逝世于公元632年的4月20日。

登霄节
伊斯兰教历7月17日

传说穆罕默德52岁时，在教历7月17日的夜晚。由天使哲卜勒伊勒陪同，从麦加耶路撒冷，又从耶里"登霄"，遨游七重天，见到了古往先知和天国，火狱等，黎明时返回麦加。

盖得尔夜
伊斯兰教历9月27日

也称"平安之夜"，传说安拉于该夜通过哲卜勒伊来天使开始把降《古兰经》，据《古兰经》载，该夜中一件善功胜过平时一千个月的善功。

化觉寺

HUAJUESI MOSQUE

全国重点文物保护单位（1988 年）

位置图

西北地区 陕西省

概况 位于陕西省西安市化觉巷，该寺始建于唐天宝元年（742年），称唐明寺。元中统年间重建；明洪武二十五年（1392年）扩建，称清修寺；清乾隆三十年（1765年）教民再次募资重修，称清真寺。以后又有多次修葺。该寺与大学习巷清真大寺并称为西安最古老的两座清真大寺。因其在大学习巷寺以东，故又名东大寺。现为全国重点文物保护单位，是西安市著名的旅游景点之一。

导游 清真大寺坐西朝东，占地12000平方米，是一座具有中国古代建筑风格的伊斯兰教寺院。南北宽 50 米，东西长 250 米，分为四进院。第一进院落砖雕大影壁和木构牌楼分立东西，牌楼之后是五间殿；第二进院落中央为石牌坊，牌坊两侧建有两座石碑；第三进院落的敕修殿是明嘉靖年间所修清真寺的正门，门上悬挂"敕赐礼拜寺"金字横匾，为董其昌手书，殿内有阿拉伯文"月碑"，内容记载了阿拉伯历推算方法，殿后院中央为省心楼，也就是邦克楼；第四进为全寺主体礼拜大殿的所在。大殿平面呈凸字形，面积达 1300 平方米，可容千余人同时礼拜。

中国十大清真寺分布图

1 艾提尕尔清真寺
2 同心清真大寺
3 化觉寺
4 牛街清真寺
5 凤凰寺
6 怀圣寺
7 清净寺
8 后街清真寺
9 西宁东关清真寺
10 泊头清真寺

伊斯兰教三大圣地 TOP3 MOSLEM LAND

麦加 [禁寺] MECCA

麦地那 [先知寺] MEDINA

耶路撒冷 [远] JERUSAL

旅游指南(TOUR GUIDE)

地　　址：中国陕西省西安市
邮　　编：710003
电　　话：86−(029−3295556（旅游咨询)
开放时间：全天

旅游交通信息（TOUR INFO）

航空机场：咸阳机场
铁路车站：西安火车站
公　　路：国道108、210、211、310、312、高速公路
　　　　　连霍、西安至榆林、汉中、洛南
水路码头：

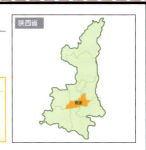

陕西省

导游图（TOUR MAP）

图例
中心城区　●
城镇　　　○
铁路
高速公路
国道
省级公路
城墙

化觉寺游览指南
HUAJUESI MOSQUE

化觉寺坐西朝东，平面为长方形，四周围以青色砖围墙，占地面积约18亩，建筑总面积共约4000多平方米。整个寺院采用中国古典庭院建筑形式，沿东西向中轴线依次分为四院，两侧对称地布置各种建筑，细部及装饰方面融合了伊斯兰教建筑艺术。该清真寺是中国现存采用传统建筑形式、规模最大、保存最为完整的一座清真寺。

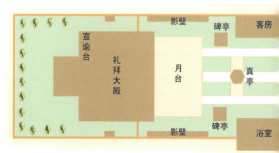

礼拜大殿

是寺院的主体建筑，建于高大的月台之上，周围绕以石栏，平面呈凸字形，面积1200平方米，可容千余人礼拜。大殿前殿为相连的两个单檐歇山屋顶，后殿屋顶呈丁字形与前殿相接。殿内顶棚铺设天花板，地面铺装木板。顶棚藻井共由600余幅彩绘组成，全为阿拉伯文组成的几何图案。

二门

宣谕台

开斋节
伊斯兰教历10月1日

又称"肉孜"节（波斯语音译，意为"斋戒"）。教法规定，教历9月为斋戒一月，斋月最后一天寻看新月，见月的次日开斋。即为开斋节，并举行会礼和庆祝活动。

宰牲节
伊斯兰教历12月10日

又称"古尔邦"节，即朝觐者在麦加活动的最后一天，每逢这一节日，穆斯林沐浴盛装，到清真寺举行会礼，互相会面，宰牛、羊、骆驼，除了自食以外，互相馈赠，或赠送给清真寺。

石牌坊

处于第二进院落中央。牌坊中楣镌"天监在兹"，两侧坊楣刻"钦冀昭事"和"虔诚省礼"。两侧建有两座石碑。一为明万历三十四年（1606年）冯从吾所撰《敕赐重修清真寺碑》，碑阴镌刻米芾手书"道法参天地"五个大字；一为清乾隆三十七年（1772年）《敕修清真寺碑》，碑阴镌刻明礼部侍郎董其昌手书"敕赐礼拜寺"五个大字。

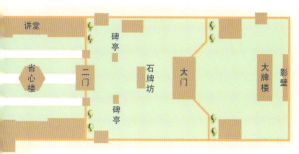

省心楼

也就是邦克楼，为三层八角形三重檐尖顶木结构楼阁。省心楼下栏杆内的二龙戏珠石刻，相传是唐代遗物。

木牌楼

二门

又称敕修殿，在第三进院落入口处，原是明嘉靖年间所修清真寺的正门。殿面宽三间。门上悬挂"敕赐礼拜寺"金字横匾，为董其昌手书。殿内有阿拉伯文"月碑"，内容记载了阿拉伯历推算方法。

圣纪（圣忌）

伊斯兰教历3月12日

圣纪是穆罕默德的诞生日，圣忌是穆罕默德的逝世日。相传穆罕默德生于公元571年4月20日（教历3月12日），逝世于公元632年的4月20日。

登霄节

伊斯兰教历7月17日

传说穆罕默德52岁时，在教历7月17日的夜晚。由天使骑布拉克来陪同，从麦加到耶路撒冷，又从那里"登霄"，游遍七重天，见到了古代先知和天国。火狱等。黎明时返回麦加。

盖得尔夜

伊斯兰教历9月27日

也称"平安之夜"，传说安拉于该夜通过哲布勒伊来天使开始颁降《古兰经》。据《古兰经》载，该夜作一件善功胜过平时一千个月的善功。

五大节日

十大
38

牛街清真寺
NIUJIE MOSQUE
全国重点文物保护单位（1988年）

位置图

华北地区 北京

概况 位于北京市宣武区广安门内牛街,这里是北京市最大的回民聚居区。该寺始建于辽代统和十四年,即北宋至道二年（996年）,为辽代入仕的阿拉伯学者纳苏鲁丁所创建。明朝成化十年（1474年）奉敕赐名"礼拜寺"。后又历经元、明、清各代扩建与重修,成为今天所见规模。牛街清真寺是迄今北京保留的最古老、规模最大、最著名的清真寺,已列为全国重点文物保护单位。

导游 牛街清真寺占地面积6000平方米,坐东朝西,殿堂楼亭主次分明排列在一条中轴线上,主要建筑有礼拜大殿、望月楼、宣礼楼、讲堂、碑亭、对亭和沐浴室等。其中礼拜殿是全寺的中心,为穆斯林作礼拜的地方。该清真寺是中国古典宫殿和阿拉伯式清真寺两种建筑风格相结合的一组独具特色的中国式伊斯兰古建筑群。整座清真寺的建筑框架采用中国木结构,但在主要建筑物的细部装饰上,却带有浓厚的伊斯兰风格,形成了中国式伊斯兰教建筑的独特形式。

中国十大清真寺分布图

❶ 艾提尕尔清真寺
❷ 同心清真大寺
❸ 化觉寺
❹ 牛街清真寺
❺ 凤凰寺
❻ 怀圣寺
❼ 清净寺
❽ 后街清真寺
❾ 西宁东关清真寺
❿ 泊头清真寺

伊斯兰教三大圣地 TOP3 MOSLEM LAND

麦加 [禁寺] MECCA

麦地那 [先知寺] MEDINA

耶路撒冷 [远寺] JERUSALEM

旅游指南(TOUR GUIDE)

地　　址：中国北京市宣武区
邮　　编：100054
电　　话：86-010-63033815（旅游咨询）
开放时间：全天

旅游交通信息（TOUR INFO）

航空机场：首都机场、南苑机场
铁路车站：北京站、北京西站、北京南站、丰台火车站、
　　　　　北京北站
公　　路：国道101—112、高速公路京福、京珠、
　　　　　丹拉、京银、京哈、京广

北京市

导游图（TOUR MAP）

牛街清真寺

图例
中心城区 ●
城镇 ○
铁路
高速公路
国道
省级公路
城墙

牛街清真寺游览指南

NIUJIE MOSQUE

牛街清真寺建筑布局对称严谨，构思精巧。它在中国传统宫殿式建筑形式上带有浓厚的阿拉伯装饰风格，形成了中国式伊斯兰教建筑的独特形式，是典型的中国古代宫殿式和阿拉伯式相结合的产物。该寺是北京历史最为悠久，规模最为宏丽的清真古寺，也是世界上著名的清真寺之一。

正门
牛街清真寺的正门在望月楼下，上悬"达天俊路"金字匾，该门平时紧闭，只在开斋节和宰牲节时开启。

望月楼
牛街清真寺的望月楼高十余米，楼上悬挂着"牛街礼拜寺"蓝底金字匾额，楼为六角形亭式，双层飞檐，亭顶覆以上黄下绿的琉璃瓦，孔雀绿色的斜脊六角攒尖，上有金黄色琉璃陶宝顶。每年伊历九月进入斋月时，阿訇乡老登楼寻望新月，以定斋月始末，故名望月楼。

开斋节
伊斯兰教历10月1日
又称"肉孜"节（波斯语音译，意为"斋戒"），教法规定，教历9月斋戒一月，斋月最后一天寻视新月，见的次日开斋。即为开斋节，并举行会礼和庆祝活动。

宰牲节
伊斯兰教历12月10日
又称"古尔邦"节，即朝觐者在麦加活动的最后一天，每逢这一节日，穆斯林沐浴盛装，到各清真寺举行会礼，互相拜会，宰牛、羊、骆驼，除了自食以外，互相馈赠，或送给清真寺。

礼拜大殿

礼拜大殿位于第二进院落的正西,朝向圣地麦加,是清真寺最为重要的部分。大殿可容千人礼拜。殿内拱门仿阿拉伯式上尖弧形落地,门上还有堆粉贴金的《古兰经》和赞美穆圣的词句,其中罕见的阿拉伯古代艺术书体"库法体",受到国内外伊斯兰教学者的重视。柱子上饰有蕃莲图案,皆为红地沥粉贴金,精巧细致。殿内金光灿灿,光彩夺目,更显庄严富丽。

宣礼楼

在礼拜大殿外正东的位置,又称邦克楼,是为呼唤人们来礼拜而建。宣礼楼是一座二层楼亭,楼东面有对厅一座,现保存有阿拉伯经文的古瓷器和手抄本及各种印刷版的经典。

圣纪(圣忌)
伊斯兰教历3月12日

圣纪是穆罕默德的诞生日。圣忌是穆罕默德的逝世日。相传穆罕默德诞生于公元571年4月20日(教历3月12日),逝世于公元632年的4月20日。

登霄节
伊斯兰教历7月17日

传说穆罕默德52岁时,在教历7月17日的夜晚,由天使哲卜勒伊来陪同,从麦加到耶路撒冷,又从那里"登霄",遨游七重天,见到了古代先知和天国、火狱等。黎明时回返麦加。

盖得尔夜
伊斯兰教历9月27日

也称"平安之夜"。传说安拉于该夜通过哲卜勒伊来天使开始颁降《古兰经》。据《古兰经》载,该夜作一件善功胜过平时一千个月的善功。

十大
42

凤凰寺

FENGHUANGSI MOSQUE

全国重点文物保护单位（2001年）

位置图

华东地区 浙江省

概况 位于浙江省杭州市中山路。寺名因寺的布局形似凤凰而得名，也称真教寺。该寺始建于唐朝，南宋嘉泰三年（1203年）毁于战乱。元世祖至元十八年（1281年），被世祖忽必烈所器重的回商阿老丁捐资修建。后经明景泰二年（1451年）、清顺治五年（1648年）、康熙九年（1670年）、道光五年（1825年）多次修建。凤凰寺是沿海四大清真名寺之一，现为全国重点文物保护单位。

导游 凤凰寺原占地面积5亩有余，坐西面东。其布局酷似一个展翅欲飞的凤凰。大门是一座30米高的望月楼，位于寺院东西向中轴线上，是凤头。进入大门，有一条长数米、高5米的长廊直通礼拜大殿，为凤颈。长廊两侧遍植松柏花草，犹如凤毛。主体建筑礼拜大殿为凤身。殿后一块种植竹子的长方形空地为凤尾。现望月楼、长廊已被拆除。

资料 南宋在杭州建都以来，杭州成为对外交流的重要港口。大量善于经商的阿拉伯人、波斯人和中亚人，从水路、陆路来到杭州做生意。杭州曾有过五座清真寺，现在只剩凤凰寺一座了。

中国十大清真寺分布图

① 艾提尕尔清真寺
② 同心清真大寺
③ 化觉寺
④ 牛街清真寺
⑤ 凤凰寺
⑥ 怀圣寺
⑦ 清净寺
⑧ 后街清真寺
⑨ 西宁东关清真寺
⑩ 泊头清真寺

1 伊斯兰教三大圣地 TOP3 MOSLEM LAND

麦加 [禁寺] MECCA

麦地那 [先知寺] MEDINA

耶路撒冷 [远寺] JERUSALE

旅游指南(TOUR GUIDE)

地　址：中国浙江省杭州市
邮　编：310026
电　话：86-0571-87925060（旅游咨询）
开放时间：全天

旅游交通信息（TOUR INFO）

航空机场：杭州萧山机场
铁路车站：杭州火车站
公　路：国道104、320，
　　　　高速公路京福、沪瑞、沪杭甬
水路码头：

导游图（TOUR MAP）

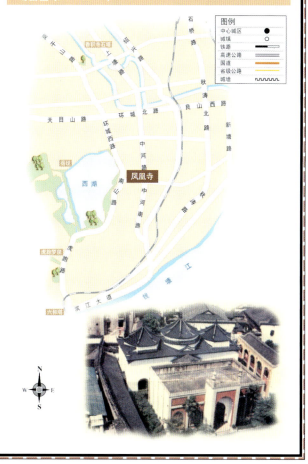

凤凰寺游览指南

FENGHUANGSI MOSQUE

凤凰寺的总体布局,也和国内其他清真寺一样,主要建筑物都布置在东西向的中轴线上。目前,它前有门厅,中间是讲经堂,最后为礼拜殿;讲经堂与大殿之间有廊屋相通,还保持着古代工字殿的传统形制。轴线的两侧则是教长室、浴室、办公室及殡仪室等附属建筑物,院子的四面环以高大的围墙。

讲经堂

礼拜大殿

大殿的后殿面宽28米,横置式平面建筑,坚厚的大拱门将后殿分成三间,有7、8、6米不等的三个穹顶,均为砖结构,不用梁架,又称无梁殿。穹顶外面的中间为八角重檐,两边各有一个六角重檐式攒尖阁楼,取八方六合之意。

开斋节
伊斯兰教历10月1日

又称"肉孜"节(波斯语音译,意为"离戒")节。教法规定,教历9月斋戒一月,斋月最后一天寻看新月,见月的次日定为开斋节。是为开斋节,并举行会礼和庆祝活动。

宰牲节
伊斯兰教历12月10日

又称"古尔邦"节,即朝觐者在麦加活动的最后一天。每逢这一节日,穆斯林沐浴盛妆,到各清真寺举行会礼,互相拜会。宰牛、羊、骆驼,除了自食以外,互相馈赠,或送给清真寺。

讲经堂

位于门厅后面，为1953年在旧址上新建。外观模仿阿拉伯清真寺式样，正中是一座高耸的花瓣形拱门，拱门两侧有一对象征性的小塔楼耸立其上，房顶四周的女墙上用疏朗的莲瓣作装饰，在一定程度上体现了伊斯兰教特有的建筑风格。

七米六角

八米八角

六米六角

讲经堂

附属建筑 教长室、浴室、办公室及殡仪室

窑殿

又称"米哈拉布"，是礼拜殿内正墙砌的凹壁，是礼拜的朝向和阿訇领拜的地方。凤凰寺的窑殿，壁面有硬木雕刻的《古兰经》以及赞主、赞圣词。木雕图以朱漆，饰以金粉，配石榴花、回纹图案，是明景泰年间重修时的艺术珍品。其阿文书法艺术达到了炉火纯青的程度，是难得的清真寺建筑艺术瑰宝。

寺北墙内建有碑廊，存有阿拉伯文，波斯文碑石24块，还存有明永乐，弘治敕谕碑以及清顺治、康熙年间重修寺碑记等文物。

圣纪（圣忌）
伊斯兰教历3月12日
圣纪是穆罕默德的诞生日，圣忌是穆罕默德的逝世日。相传穆罕默德诞生于公元571年4月20日（教历3月12日），逝世于公元632年的4月20日。

登霄节
伊斯兰教历7月17日
传说穆罕默德52岁时，在教历7月17日的夜晚，由天使指布勒伊来陪同，从麦加到耶路撒冷，又从那里"登霄"，遨游七重天，见到了古代先知和天国，火狱等，黎明时返回麦加。

盖得尔夜
伊斯兰教历9月27日
也称"安全之夜"。传说安拉于该夜通过托布勒伊来使开始颁降《古兰经》。据《古兰经》，这夜作一件善功胜过平时一千个月的善功。

十大
46

怀圣寺
HUAISHENGSI MOSQUE
全国重点文物保护单位（1996年）

位置图
华南地区 广东省

概况 位于广东省广州市越秀区光塔路56号。为纪念伊斯兰教创始人"至圣"穆罕默德，故名怀圣寺，又名光塔寺。相传该寺为唐初贞观年间（627-649年）阿布·宛葛素所建，是伊斯兰教传入中国后最早兴建的古清真寺之一，现为全国重点文物保护单位。

导游 怀圣寺坐北向南，占地面积2966平方米，在主轴线上依次建有三道门、看月楼、礼拜殿和藏经阁；光塔在寺西南角。光塔原名"怀圣塔"，具有阿拉伯风格，高36米，建于唐贞观年间，青砖砌筑，底为圆形，表层涂抹灰砂，塔身开长方形采光小孔，塔内有两座螺旋形楼梯绕塔心而上至塔顶。塔刹原立有一金鸡，可随风旋转以示风向，明初为飓风所坠。1934年重修砌成尖顶形。因塔身光滑，又因教徒诵经时，常在塔顶用阿拉伯语呼喊"邦卡"（呼唤之意），粤语"邦"与"光"音似，故称"光塔"。

资料 相传唐高祖武德年间（618-626年），伊斯兰教创始人穆罕默德曾派门徒四人来华传教，其中阿布·宛葛素是穆罕默德的母舅。阿布·宛葛素于唐贞观初年从波斯湾到达广州，把伊斯兰教传入中国。

中国十大清真寺分布图
1 艾提尕尔清真寺
2 同心清真大寺
3 化觉寺
4 牛街清真寺
5 凤凰寺
6 怀圣寺
7 清净寺
8 后街清真寺
9 西宁东关清真寺
10 泊头清真寺

伊斯兰教三大圣地 TOP3 MOSLEM LAND
麦加 [禁寺] MECCA　麦地那 [先知寺] MEDINA　耶路撒冷 [远寺] JERUSALE

旅游指南(TOUR GUIDE)

地　　址：中国广东省广州市
邮　　编：510130
电　　话：86-020-80666666（旅游咨询）
开放时间：全天

旅游交通信息（TOUR INFO）

航空机场：广州白云机场
铁路车站：广州火车站
公　　路：国道105、106、107、321、324、325、
　　　　　高速公路京珠、广深、广惠、广梧、广湛
水路码头：珠江航运

广东省
广州

导游图（TOUR MAP）

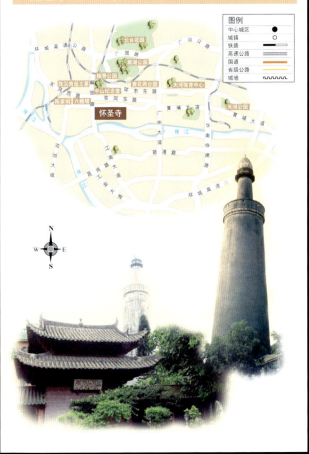

图例
中心城区　●
城镇　　　○
铁路
高速公路
国道
省级公路
城墙

云台花园
广园公路
云园公路
麓湖公园
越秀公园
西汉南越王墓
兰圃公园
天河体育中心
中山纪念堂
环市东路
东风东路
陈家祠　六榕塔
天河公园
广州大道
黄埔大道
黄埔大道
珠江
怀圣寺
花地大道
江南大道
工业大道
内环路
华南快速干道
新港路
环城高速公路

怀圣寺游览指南

HUAISHENGSI MOSQUE

怀圣寺造型庄严肃穆,比例、色彩、装饰均具西亚风格。寺的整体采用中国轴线对称布局,层层深入,逐步展开。寺内设有教长室、藏经室、礼拜大殿和专供洗礼的水房。教徒们常在星期五"主麻日"和伊斯兰教节日前来聚礼。

礼拜大殿

为1935年重建,重建时将原来的砖木结构改为钢筋混凝土结构,绿琉璃瓦歇山顶。大殿台基是明代的遗物,大殿围栏上至今还能看到元朝时代普遍使用的"鸭屎石"图案。

望月楼

望月楼

望月楼建于明代,清康熙三十四年(1695年)重建。现在的望月楼还保留着明代的红砂岩遗迹及清朝康熙重建时的屋顶。该楼是一座红墙绿瓦的楼阁,重檐歇山顶,上、下檐均采用插拱,形式古朴大方,墙体是红砂岩砌筑,四周各开一拱门、券门,南北券门分别通向庭院,东西券门各接廊房。

开斋节

伊斯兰教历10月1日

又称"肉孜"节(波斯语音译,意为"斋戒")。教法规定,教历9月斋戒一月,斋月最后一天看新月,见月的次日开斋,即为开斋节,并举行会礼和庆祝活动。

宰牲节

伊斯兰教历12月10日

又称"古尔邦"节,即朝觐者在麦加活动的最后一天。每逢这一节日,穆斯林沐浴盛装,到各清真寺举行会礼,互相拜会。宰牛、羊、骆驼,除了自食以外,互相馈赠,送给清真寺。

光塔

怀圣寺光塔在寺西南角,具有阿拉伯风格,因塔身光滑,而教徒诵经时,常在塔顶用阿拉伯语呼喊"邦卡"(呼唤之意),粤语"邦卡"与光塔谐音,称"光塔"。塔高36.3米,青砖砌筑,塔身圆筒形,向上有收分,表层涂抹灰砂,塔身开长方形采光小孔,塔内设二螺旋形楼梯,双梯绕塔心盘旋而上,各自直通塔顶。塔顶原有一金鸡,可随风旋转以示风向,明初为飓风所坠。此后塔尖先后换上亭、金鸡、葫芦和十字架等物。1905年改为拱形礼帽式。现在所看到的圆拱形塔尖顶为1935年所建。此塔为中国现存伊斯兰教建筑最早、最具特色的古迹之一。

三门

清净寺

QINGJINGSI MOSQUE

全国重点文物保护单位（1961年）

位置图

华南地区 福建省

概况 位于福建省泉州市涂门街。又名麒麟寺、圣友寺，阿文名艾苏哈卜寺。始建于北宋大中祥符二年（1009年），元至大三年（1310年）、元至正十年（1350年）及明万历三十七年（1609年）均曾重修。泉州是伊斯兰教在中国传播和发展的重要区域之一，清净寺因此在清真寺中具有很重要的意义，现为全国重点文物保护单位。

导游 清净寺占地十余亩，寺门朝南，建筑规模宏大。主要建筑分为大门、奉天坛、明善堂等部分。主体建筑正门楼和礼拜大殿是元代重修的遗物。门楼具有突出特色，据说是仿照叙利亚大马士革城一座古寺形状而建的。高约20米，宽4.5米，用青、白花岗石砌成，门楣作尖拱形，分外、中、内三层。第三层左右两旁各有拱门两个，但不能通行。门的最外层上面有一横列古体阿文石刻。大门屋顶上有平台，叫望月台，四周围以堞形砖垛。礼拜大殿呈长方形，1607年地震中大殿圆顶坍塌，迄今未能恢复，现仅存四壁白花岗石砌成的石墙。由于无法复建主礼拜大殿的圆顶，1609年穆斯林在寺内增建一间中国四合院式古典建筑的小礼拜殿，名"明善堂"。寺内设有 "泉州伊斯兰史迹陈列室"。

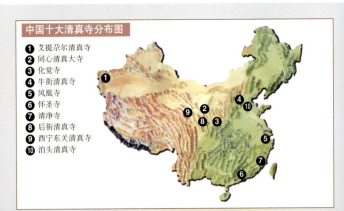

中国十大清真寺分布图

1 艾提尕尔清真寺
2 同心清真大寺
3 化觉寺
4 牛街清真寺
5 凤凰寺
6 怀圣寺
7 清净寺
8 后街清真寺
9 西宁东关清真寺
10 泊头清真寺

伊斯兰教三大圣地 TOP3 MOSLEM LAND

麦加 [禁寺] MECCA

麦地那 [先知寺] MEDINA

耶路撒冷 [远寺] JERUSALE

旅游指南(TOUR GUIDE)

地　　址：中国福建省泉州市
邮　　编：362000
电　　话：86-0595-2274888（旅游咨询）
开放时间：全天

旅游交通信息（TOUR INFO）

航空机场：泉州晋江机场、厦门高崎国际机场
铁路车站：泉州火车站
公　　路：国道324
　　　　　高速公路同三
水路码头：泉州港

导游图（TOUR MAP）

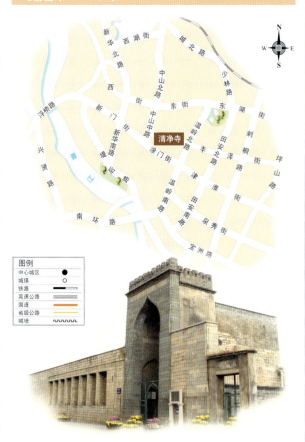

图例
中心城区　　●
城镇　　　　○
铁路
高速公路
国道
省级公路
城墙

清净寺

清净寺游览指南

QINGJINGSI MOSQUE

泉州清净寺是阿拉伯穆斯林在中国创建的现存最古老的伊斯兰教寺。建筑规制仿照叙利亚大马士革伊斯兰教礼拜堂的建筑形式，主要建筑分为大门、奉天坛、明善堂等部分。它的建立与古代泉州海外交通有着分不开的密切关系，是中国和阿拉伯国家的友好与文化交流的历史见证，是泉州海外交流重要史迹之一。

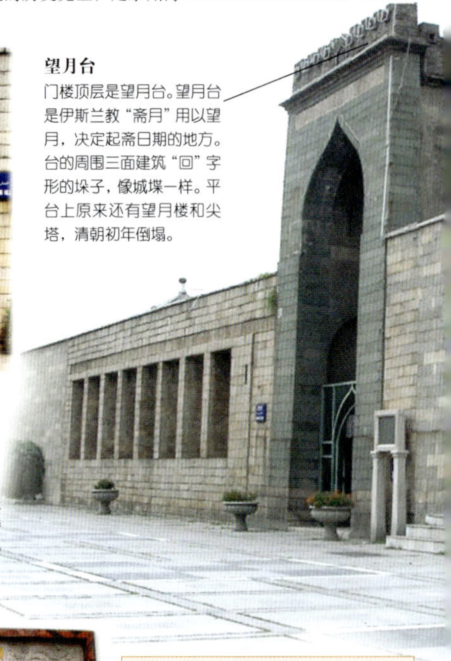

望月台

门楼顶层是望月台。望月台是伊斯兰教"斋月"用以望月，决定起斋日期的地方。台的周围三面建筑"回"字形的垛子，像城堞一样。平台上原来还有望月楼和尖塔，清朝初年倒塌。

奉天坛

《敕谕》碑刻

明成祖永乐五年（1407年），为保护泉州清净寺，保护泉州伊斯兰教，明成祖朱棣特地颁发谕令。此碑为《敕谕》碑刻。嵌置于寺北的墙壁上，至今完好无损。

泉州在宋、元时期是国际贸易、文化交流的中心。当时的泉州番商成群，番货云集。来到泉州的番商中有阿拉伯人、波斯人、印度人、犹太人和欧洲人等，其中以阿拉伯人最多。因此泉州便成了伊斯兰教在中国传播和发展的重要区域之一。

开斋节

伊斯兰教历10月1日

又称"肉孜"节（波斯语音译，意为"斋戒"）。教法规定：教历9月斋戒一月，斋月最后一天待看新月，见月的次日开斋。即为开斋节，并举行会礼和庆祝活动。

宰牲节

伊斯兰教历12月10日

又称"古尔邦"节，即朝觐者在麦加�活动的最后一天。每逢这一节日，穆斯林沐浴盛装，到各清真寺举行会礼，互相拜会，宰牛、羊、骆驼，除了自食以外，互相馈赠，或送给清真寺。

门楼

高达20米，宽4.5米，为青、白花岗石砌叠而成的。该门楼是一个三层穹形顶的尖拱门，分外、中、内三层。渐近渐小，第三层左右两旁各有拱门两个，但不能通行。据说这种建筑是仿照叙利亚大马士革城一座古寺形状而建的。顶盖采用中国传统的莲花图案，表示伊斯兰教崇尚圣洁清净。门楼正额横嵌阿拉伯文浮雕石刻。

穆罕默德在世时，向穆斯林发出号召："求知要不远万里，即使远在中国。"在伊斯兰教创教初期的618—626年，穆罕默德嫡传门徒三贤四贤就从麦加迁移经海路来到泉州传教，死后葬于泉州东门外灵山圣墓。

奉天坛

是清净寺的礼拜大殿。现仅存四围石墙。大殿上面原来罩着巨大的圆顶，在1607年大地震中圆顶坍塌，迄今未能恢复，殿内的设施和圆顶遗物仍深深地埋在大殿地下。南墙向外敞开八个长方形窗，西墙中部呈方形凹入，是当年礼拜大殿的讲经台。墙壁上有《古兰经》经句的阿拉伯文石刻。

圣纪（圣忌）
伊斯兰教历3月12日

圣纪是穆罕默德的诞生日，圣忌是穆罕默德的逝世日。相传穆罕默德诞生于公元571年4月20日（教历3月12日），逝世于公元632年的4月20日。

登霄节
伊斯兰教历7月17日

传说穆罕默德52岁时，在教历7月17日的夜晚。由天使带布勒伴来陪同，从麦加到耶路撒冷，又从那里"登霄"，遨游七重天，见到了古代先知和天国，火狱等。黎明时返回尘间。

盖得尔夜
伊斯兰教历9月27日

也称"平安之夜"，传说安拉在这一夜通过特布勒钞天使开始颁降《古兰经》。据《古兰经》载，该夜作一件善功胜过平时一千个月的善功。

后街清真寺

HOUJIE MOSQUE

全国重点文物保护单位（2006年）

位置图

西北地区 甘肃省

概况 位于甘肃省天水市秦州区人民西路。因秦州城五城相连，该寺地处"西关城东北角"，所以早年称西关清真寺。后因寺门改在后街澄源巷，便改称后街清真寺。据县志记载，该寺始建于元至正年间（1341—1368年），历代均有修葺扩建。现存建筑规模小于历史上。后街清真寺现为国家重点文物保护单位。

导游 后街清真寺占地面积1700多平方米。寺内礼拜大殿建于明洪武七年（1374年），面积430平方米，由前殿五间、后殿三间、前卷棚外廊三部分组成。全殿内只有两根粗大明柱，殿内古朴典雅，肃穆庄严。大殿正门为五开间四扇门，可折可装，雕刻精美考究。寺内现存石碑五通，其中最珍贵、历史价值最高者是"秦州重建清真寺楼碑"。该碑镌立于明嘉靖年间（1543年）。碑体为汉白玉雕刻而成，通高1.82米，宽0.65米，厚0.15米。石碑正面刻有汉语《秦州重建清真寺楼碑记》，背面为阿拉伯文记。汉语碑文前半部分记述了后街清真寺的始建年代和历史沿革，后半部分是对"姆拉楼"的描述和赞美。阿语碑文记述的是清真寺的功能、修建清真寺的功德、进寺礼拜的好处等。该碑是甘肃境内最早的阿拉伯文碑刻，具有重要的文献意义。

中国十大清真寺分布图

① 艾提尕尔清真寺
② 同心清真大寺
③ 化觉寺
④ 牛街清真寺
⑤ 凤凰寺
⑥ 怀圣寺
⑦ 清净寺
⑧ 后街清真寺
⑨ 西宁东关清真寺
⑩ 泊头清真寺

伊斯兰教三大圣地 TOP3 MOSLEM LAND

MECCA 麦加 [禁寺]

MEDINA 麦地那 [先知寺]

JERUSALEM 耶路撒冷 [远寺]

旅游指南(TOUR GUIDE)

地　址：中国甘肃省天水市
邮　编：741000
电　话：86-0938-6811864（旅游咨询）
开放时间：全天

旅游交通信息（TOUR INFO）

航空机场：天水机场
铁路车站：天水火车站
公　路：国道310、316，
　　　　高速公路连霍
水路码头：

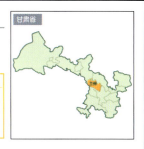

导游图（TOUR MAP）

图例
中心城区	●
城镇	○
铁路	▬
高速公路	▬
国道	▬
省级公路	▬
城墙	∿∿∿

后街清真寺

后街清真寺游览指南
HOUJIE MOSQUE

后街清真寺历史悠久，是甘肃省唯一的一座自元代以来从未受过破坏而保存下来的清真寺，和甘肃众多的清真寺相比，具有巨大的历史价值。后街清真寺建筑格局完整，2003年7月5日，后街清真寺由"县级文物保护单位"升格为"甘肃省省级文物保护单位"；2006年5月25日，后街清真寺又被国务院公布为第六批"国家重点文物保护单位"。

后街清真寺大殿对面的照壁前珍藏有一颗重约千斤的朱砂红色陨石，因外形如牛心而俗称"牛心石"，非常珍贵。

礼拜大殿

建于明洪武七年(1374年)，明成化四年(1468年)扩建，保存至今已有600多年历史。由前殿、后殿、前卷棚外廊三部分组成。大殿通长22.3米，进深19.3米，使用面积约430平方米。全殿内只有两根粗大明柱，为具元代减柱遗风的明代宫殿式木结构建筑。殿顶为琉璃碧瓦，正脊为莲花缠枝图案，中起塔亭宝盖。大殿正门为五开间四扇门，可折可装，雕刻精美考究，构图文雅、刀法娴熟。

开斋节
伊斯兰教历10月1日
又称"肉孜"节（波斯语音译，意为"斋戒"），教法规定，教历9月斋戒一月，斋月最后一天寻看新月。见月的次日开斋，即为开斋节，并举行会礼和庆祝活动。

宰牲节
伊斯兰教历12月10日
又称"古尔邦"节，即朝觐者在麦加活动的最后一天，每逢这一节日，穆斯林沐浴盛装，到各清真寺举行会礼、互相会见，宰牛、羊、骆驼，除了自食以外，互相馈赠，或送给清真寺。

历史资料

后街清真寺原为三进门，"文革"中遭破坏致毁。其三道门分别为：
头道门位于澄源巷北口，为三间不结构牌楼，斗拱处竖书"清真寺"，门楣横书"渐入福地"，"诵经法祖"；二门在大寺巷内，为单檐大开间牌坊，上书"常乐界"三字，背书"抵报元功"、"清真古教"，传为康熙御题；第三道门是坐北向南三大间过厅，由此进入寺院。

《秦州重建清真寺楼碑记》

镌立于"明嘉靖癸卯岁"(1543年)，距今已有460多年历史。该石碑为汉白玉琢刻而成，碑额高0.58米，碑身高1.24米，通高1.82米，碑宽0.65米，厚0.15米。石碑保存基本完整，文字清晰。石碑正面汉语《秦州重建清真寺楼碑记》用欧体楷书写就，共19行；背面为阿拉伯文碑记，共34行。汉语碑文前半部分记述了后街清真寺的始建年代和历史沿革，后半部分对修建历时九年的"姆拉楼"作了描述和赞美。阿语碑文通篇对清真寺的功能、修建清真寺的功德、进寺礼拜的好处等作了详尽清晰的记述。《秦州重建清真寺楼碑》是甘肃境内最早的阿拉伯文碑刻，是重要的回族文献。它们除了在语言学、文字学方面的研究价值外，对研究元明清三代西北伊斯兰教传播和发展史、回族源流史、中阿文化交流史具有十分重要的意义。

圣纪（圣忌） 伊斯兰教历3月12日
圣纪是穆罕默德的诞生日，圣忌是穆罕默德的逝世日，相传穆罕默德诞生于公元571年4月20日(教历3月12日)，逝世于公元632年的4月20日。

登霄节 伊斯兰教历7月17日
传说穆罕默德52岁时，在教历7月17日的夜晚，由天使带布勒伊来陪同，从麦加到耶路撒冷，又从耶里"登宵"，遨游七重天，见到了古代先知和天国、火狱等，黎明时返回麦加。

盖得尔夜 伊斯兰教历9月27日
也称"平安之夜"，传说安拉于该夜通过哲布勒伊来天使开始降示《古兰经》，读夜作一件善功胜过平时一千个月的善功。

X大赞日

十大 58

西宁东关清真寺
DONGGUAN MOSQUE

青海省重点文物保护单位

位置图

西北地区 青海省

概况 位于青海省西宁市繁华的东关大街南侧的闹市区，始建于明朝洪武年间（1368 – 1398 年）。据记载，因辅佐朱元璋有功被封为"西平侯"（今西宁）的明朝开国大将沐英，应当地伊斯兰教上层人士和回族的请求修建了该寺。清真大寺是青海省目前最大的清真寺，一直是西宁地区穆斯林礼拜和集会的重要场所。现为青海省重点文物保护单位。

导游 西宁东关清真大寺占地总面积为13602平方米，是一座融塔、墙、殿为一体的伊斯兰建筑。大寺的原正门，即"前三门"，坐南朝北，是一大两小的绿色西式大门，高10米，宽为15米，门额上镶有"西宁东关清真大寺"八个大字。进了"前三门"，耸立着五个平顶拱形门，称为"中五门"。"中五门"南北两侧矗立着两座宣礼塔。步入中五门是可以容纳3000人进行礼拜的大殿，面积1102平方米。大殿上装饰有金光灿灿的藏式镏金宝瓶。据说，这只宝瓶是大殿修成后，由甘肃拉卜楞寺的僧众集资捐送的，为国内清真寺所仅有。大殿内的几根巨大的柱子是由互助佑宁寺从寺院的松树林中挑选赠送的。殿前是一块占地约2.8万平方米的广场。广场地面用青石板铺成，巧排密布，平整如镜。

中国十大清真寺分布图

❶ 艾提尕尔清真寺
❷ 同心清真大寺
❸ 化觉寺
❹ 牛街清真寺
❺ 凤凰寺
❻ 怀圣寺
❼ 清净寺
❽ 后街清真寺
❾ 西宁东关清真寺
❿ 泊头清真寺

伊斯兰教三大圣地 TOP3 MOSLEM LAND

麦加 [禁寺] MECCA　麦地那 [先知寺] MEDINA　耶路撒冷 [远寺] JERUSALE

旅游指南(TOUR GUIDE)

地　　址：中国青海省西宁市
邮　　编：810000
电　　话：86-0971-6100110（旅游咨询）
开放时间：全天

旅游交通信息（TOUR INFO）

航空机场：西宁曹家堡机场
铁路车站：西宁火车站
公　　路：国道109、227、214、315、
　　　　　高速公路丹拉
水路码头：

青海省

导游图（TOUR MAP）

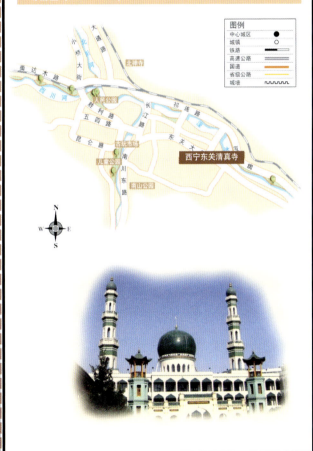

图例
中心城区　●
城镇　　　○
铁路
高速公路
国道
省级公路
城墙

大通路
小桥大街
北川河
北禅寺
柴达木路
西川河
人民公园
胜利路
长江路
祁连路
五四路
昆仑路
古城市场
东关大街
西宁东关清真寺
儿童公园
南川东路
南川公园
青山公园

N
W　E
S

西宁东关清真寺游览指南

DONGGUAN MOSQUE

东关清真寺是西宁市一座规模最大，保存最为完整的古建筑，是西宁市十多万穆斯林进行宗教活动的中心，也是青海省目前最大的伊斯兰教寺院，与陕西省西安化觉寺、甘肃省兰州桥门寺以及新疆喀什艾提尔清真寺并称西北地区四大清真寺之一。每逢主麻日和尔德节，附近伊斯兰教信徒纷纷来到这里礼拜，少则上千人，多则上万人。

主楼

为 1998 年清真寺改建时新修的三层楼，位于"中五门"前，与中五门、大殿处同一中轴线，楼下设五圆拱门，楼顶两侧各建一高达 45 米的圆拱顶式宣礼塔。

前三门

为清真大寺的原正门，现处在清真大寺临街楼房之前。前三门坐南朝北，是一大两小的绿色西式大门，高10米，宽为15米，门顶横幅匾额上镶有金光闪闪的"西宁东关清真大寺"八个大字。

开斋节

伊斯兰教历10月1日

又称"肉孜"节（波斯语音译，意为"斋戒"），教法规定，教历9月斋戒一月，斋月最后一天得看新月，见月的次日开斋。届为开斋节，并举行会礼和庆祝活动。

宰牲节

伊斯兰教历12月10日

又称"古尔邦"节，即朝觐者在麦加活动的最后一天，每逢这一节日，穆斯林沐浴盛装，到各清真寺举行会礼，互相祝贺，宰牛、羊、骆驼，除了食用以外，互相馈赠，或送给清真寺。

东关清真寺碑刻

礼拜大殿

是传统的中国宫殿式建筑风格,俗称"凤凰单展翅"。面积为1136平方米,可以同时容纳3000人进行礼拜。其外壁全用大青砖砌成,坚实牢固。前廊两侧各种图案精雕细刻,殿脊中心竖有三个金黄色经筒,灿烂夺目。殿门两侧是砖制九扇屏,上面是精巧的花草砖雕图。殿内的几根巨大的柱子,是由互助佑宁寺从寺院的松树林中挑选赠送的。殿堂门口及殿堂里面的地面皆铺以木板。整个大殿的设计庄重而又朴素。

中五门

数十阶花岗石的台墩上耸立着五个平顶拱形门,称为"中五门",高近10米,宽为21米。

大殿前和厢楼之间是一块占地约2.8万平方米的广场。场内铺着青石板,石板虽大小不一,形状各异,但却巧排密布,平整如镜,不露泥土。因此,晴天无尘埃,雨天无泥泞。

圣纪(圣忌)
伊斯兰教历3月12日
圣纪是穆罕默德的诞生日,圣忌是穆罕默德的逝世日。相传穆罕默德诞生于公元571年4月20日(教历3月12日),逝世于公元632年的4月20日。

登霄节
伊斯兰教历7月17日
传说穆罕默德52岁时,在教历7月17日的夜晚,由天使哲布勒伊来陪同,从麦加到耶路撒冷,又从那里"登霄",遨游七重天,观看了古代先知和天国。火狱等,黎明时返回麦加。

盖得尔夜
伊斯兰教历9月27日
也称"平安之夜",传说安拉于该夜通过哲布勒伊来天使使开始颁降《古兰经》。据《古兰经》载,该夜作一件善功胜过平时一千个月的善功。

文
大
节
日

十大
62

泊头清真寺
BOTOU MOSQUE

全国重点文物保护单位（2001 年）

位置图

华北地区 河北省

概况 位于河北省沧州泊州市清真街，地处运河西岸。始建于明永乐二年（1404年），崇祯年间进行了大规模的扩建，以后多次有不同程度的修缮，成为现存的宏大规模。泊头清真寺被誉为"华北第一寺"，现为全国重点文物保护单位。

导游 泊头清真寺坐西朝东，占地面积约16.8亩，房屋近200间，建筑面积3000多平方米。寺内院落分前庭院、中庭院和大殿前庭三进。进入前院，南北各有义学堂，中间是一座高20米的两层建筑望月楼。望月楼又称"班克楼"。穿过望月楼，中院有南北配殿。拾级而上是花殿院。过殿是宽敞豁亮的花墙月洞，两边是20间讲学堂。礼拜大殿位于后院正中，面积为1950平方米。大殿前、中、后三殿合一，呈"凸"字形。殿内地面为800多块柏木长方板铺就，可容1200多人做礼拜。

资料 据传，明朝末年，崇祯皇帝为修缮金銮殿从南方运来大批木料经运河北上，路经泊头冯家口时，李自成已率农民起义军攻下北京城。当时，这批建材就被泊头在朝的回族官员在此修建了清真寺。

中国十大清真寺分布图

❶ 艾提尕尔清真寺
❷ 同心清真大寺
❸ 化觉寺
❹ 牛街清真寺
❺ 凤凰寺
❻ 怀圣寺
❼ 清净寺
❽ 后街清真寺
❾ 西宁东关清真寺
❿ 泊头清真寺

伊斯兰教三大圣地 TOP3 MOSLEM LAND

麦加 [禁寺]　MECCA

麦地那 [先知寺]　MEDINA

耶路撒冷 [远寺]　JERUSALE

旅游指南(TOUR GUIDE)

地　　址：中国河北省沧州泊头市
邮　　编：(62190
电　　话：86--0317-8181411（旅游咨询）
开放时间：全天

旅游交通信息（TOUR INFO）

航空机场：石家庄正定机场
铁路车站：泊头火车站
公　　路：国道104、106、307、
　　　　　高速公路石家庄至冯家堡、京沪
水路码头：

河北省

导游图（TOUR MAP）

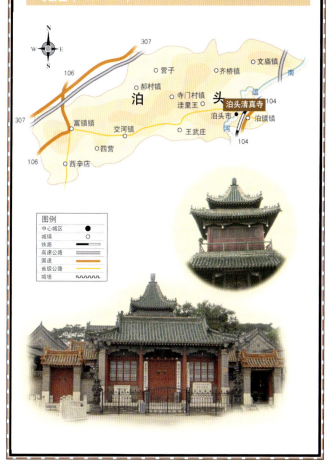

307
106
泊
307
106

营子
郝村镇
寺门村镇
洼里王
富镇镇
交河镇
四营
西辛店
王武庄

齐桥镇
文庙镇
头
泊头清真寺
泊头市
泊镇镇
运
南
104
104

图例
中心城区　　●
城镇　　　　○
铁路
高速公路
国道
省级公路
城墙

十大 64

泊头清真寺游览指南

BOTOU MOSQUE

泊头清真寺规模庞大且配置齐全，除具有清真寺的功能外，还强调了结构和艺术的协调统一，是典型民族化了的伊斯兰教建筑群。全寺楼台殿阁成一线，重重院落相套，横向配以门道、石桥，使寺院对称、协调、肃穆、大方，具有独特的风格和建筑价值。泊头清真寺不仅驰名国内，且在国外伊斯兰教界亦享有一定的声誉。

"清真光明"匾

孔子75代孙孔祥珂所书。泊头清真寺原有明清两代皇帝、太子太保衍圣公等题匾18块，现仅存此匾，藏于班克楼内。

白鸟松茶儿

在北讲堂正屋，长4.3米，宽0.34米，高0.15米，无纹饰雕琢。因其虫不蛀，鸟不落，又称"白鸟松""恐鸟木"。据说，其上放置饭菜鱼肉等，七天后不馊、不变质。相传该木是明万历皇帝赏赐给泊头回族翰林院御史石三畏的，后石三畏回乡省亲时赠与该寺。

礼拜大殿

为清真寺的主要建筑，由前殿、中殿和后殿组成。礼拜大殿面积为1159平方米，南北宽29米，东西长55米，呈"凸"字形，号称"九九八十一间"。大殿顶部飞檐四出，角亭对立。其后室殿部分呈方形，殿顶起六角形的亭子，顶子用方木叠落成藻井形式。

又大赞日

开斋节

伊斯兰教历10月1日

又称"肉孜"节（波斯语音译）意为"斋戒"。教法规定，教历9月斋戒一月，斋月最后一天寻觅新月，见月的次日开斋，则为开斋节，并举行会礼和庆祝活动。

宰牲节

伊斯兰教历12月10日

又称"古尔邦"节，即朝觐者在麦加活动的最后一天。每逢这一节日，穆斯林沐浴盛装，到各清真寺举行会礼，互相拜会，宰牛、羊、骆驼，除了自食以外，互相馈赠，或送往清真寺。

望月楼

又称班克楼、邦克楼、宣礼楼，为中院起点。望月楼下层为阁，砖砌石墙，饰圆窗，四周以12根方柱筑成围廊，上起四面飞檐，廊柱间加花栏杆；上层为厅，全木结构，外有窄廊，顶部有木质浮雕腰板。此楼以绿琉璃瓦罩顶。

康熙"圣旨"

该圣旨是清康熙皇帝于康熙三十三年（1694年）为北京牛街清真寺所颁，"文革"中丢失。1982年修泊头清真寺时又以北京牛街清真寺抄录了原文，刻制成匾。

圣纪（圣忌）

伊斯兰教历3月12日

圣纪是穆罕默德的诞生日，圣忌是穆罕默德的逝世日。相传穆罕默德诞生于公元571年4月20日（教历3月12日），逝世于公元632年的4月20日。

登霄节

伊斯兰教历7月17日

传说穆罕默德52岁时，在教历7月17日的夜晚。由天使哲布勒伊来陪同，从麦加到耶路撒冷，又从那里"登霄"遨游七重天，见到了古战先知和天园、火狱等。黎明时返回麦加。

盖得尔夜

伊斯兰教历9月27日

也称"平安之夜"。传说安拉于该夜通过哲布勒伊来天使开始颁降《古兰经》。据《古兰经》载，该夜的一件善功胜过平时一千个月的善功，

华北地区
NORTH CHINA

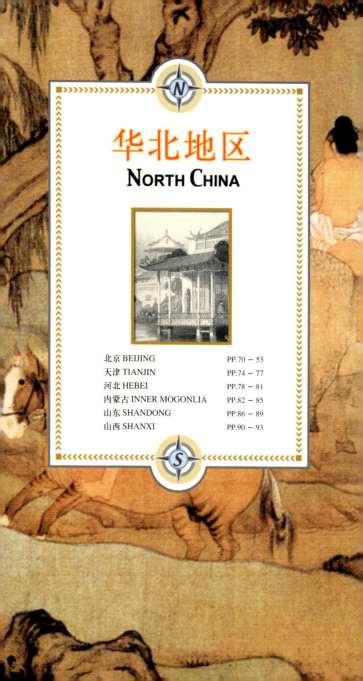

华北清真寺分布
NORTH CHINA

华北指中国北方，包括首都在内的6个省级行政区划地域，首都北京，简称京；直辖市天津简称津；河北简称冀，省会石家庄；内蒙古自治区简称蒙，首府呼和浩特；山东简称鲁，省会济南；山西简称晋，省会太原。华北地区总面积约172万平方公里，占中国18%国土面积。

东四清真寺

位于北京市东城区东四南大街。又名法明寺，约始建于元朝至正六年（1346年）。北京市伊斯兰教协会所在地。现为北京市重点文物保护单位。

沧州北大寺

位于河北省沧州市区解放中路回民聚居区的中心，始建于明建文末年，历时18年，于1420年建成。是华北较大的一座清真寺之一，第一部汉译《古兰经》就在此诞生，现为全国重点文物保护单位。

华北著名清真寺

❶ 东四清真寺 (PP.70-71)
❷ 清真大寺 (PP.74-75)
❸ 沧州北大寺 (PP.78-79)
❹ 呼市清真大寺 (PP.82-83)
❺ 济宁东大寺 (PP.86-87)
❻ 太原清真古寺 (PP.90-91)

济宁东大寺

位于山东省济宁市小闸口上河西街。始
建于明洪武年间,现为全国重点文物保
护单位。

清真大寺

位于天津市红桥区针布街清真巷,始
建于明代,是天津市著名古老建筑之
一,现为天津市重点文物保护单位。

华北位置与距离参考图

(距离单位:公里)

东四清真寺

DONGSI MOSQUE

北京市重点文物保护单位

位置图

华北地区 北京

概况 位于北京市东城区东四南大街。又名法明寺，约始建于元朝至正六年(1346年)，明正统十二年(1447年)，由当时任后军督都府同知的回族陈友独资重建。明景泰元年(1450年)，代宗皇帝朱祁钰题"清真寺"匾额，故有官寺之称。该寺历来为北京伊斯兰教文化教育中心。北京市伊斯兰教协会。为北京市重点文物保护单位。

导游 全寺占地面积15亩，分前中后三进院落，寺内主要建筑由礼拜大殿，南北讲经堂、图书馆、净水堂等组成。大殿建在寺院西侧，为中国庑殿式建筑，造型古朴。建筑面积500平方米，可容500人同时礼拜。殿内20根大彩柱，直径有48厘米，柱面彩绘赤金大型荷花，中央三根横梁上彩底金字阿拉伯文库法体《古兰经》节文。寺内收藏了比较丰富的伊斯兰经典和文物，其中一部元延佑五年(1318年)的手抄本《古兰经》，为穆罕默德·伊本·艾哈迈德书写，字迹工整清秀，实属世界罕见的珍品。还有一块直径为80厘米的明代瓷牌，烧就白底蓝字，中间为阿拉伯文"清真言"。

华北地区著名清真寺分布图

❶ 东四清真寺
❷ 清真大寺
❸ 沧州北大寺
❹ 呼市清真大寺
❺ 济宁东大寺
❻ 太原清真古寺

内蒙古
❹
❶
北京
❷ 天津
❸ 河北
❻
山西
❺
山东

伊斯兰教三大圣地 TOP3 MOSLEM LAND

MECCA
麦加 [禁寺]

MEDINA
麦地那 [先知寺]

JERUSALE
耶路撒冷 [远寺]

旅游指南(TOUR GUIDE)

地　　址：中国北京市东城区
邮　　编：100010
电　　话：86-010-65132255（旅游咨询）
开放时间：全天

旅游交通信息（TOUR INFO）

航空机场：首都机场、南苑机场
铁路车站：北京站、北京西站、北京南站、丰台火车站、
　　　　　北京北站
公　　路：国道101－112、高速公路京福、京珠、
　　　　　丹拉、京港、京哈、京广

北京市

导游图（TOUR MAP）

东四清真寺

图例
- 中心城区 ●
- 城镇 ○
- 铁路
- 高速公路
- 国道
- 省级公路
- 城墙

北京著名清真寺分布
BEIJING

北京市简称"京"，是中华人民共和国首都。面积约1.7万平方公里，居中国全部34省级行政区划排名第30位，人口1184万，居第27位。辖18个区县，共有314个乡镇区划，市府位于东城区正义路2号。国家级重点文物保护单位98处。

位置图 (LOCATOR MAP)

北京位置与距离参考图

延庆县
怀柔
昌平区
海淀区
门头沟区
石景山区 北京市 朝阳
丰台区
房山区
大兴区

花市清真寺

位于北京市崇文区花市，是地处京城东南隅仅次牛街的北京回民第二聚居区。建于明初永乐十二年（1414年），相传周围是明朝的开国元勋常遇春所建。寺内主要建筑有礼拜大殿、敬古堂、沐浴室、碑亭、经房和住房等。保存的文物有清康熙二年（1663年）裕亲王书"清真"木匾和乾隆五十二年（1787年）"真一无二"的匾额。现为崇文区文物保护单位。

城关镇清真寺

位于通州区城关镇回民胡同，原名通州礼拜寺、朝真寺。始建于元代延祐年间（1313—1320年），当时此地为牛市口，在此建寺供从事牛羊贸易的回族住户和客商沐浴参礼。后两次大规模扩建，成为北京著名清真大寺之一。寺内南跨院设女子礼拜堂。现为通州区文物保护单位。

中心城区

东城区、西城区、宣武区、崇文区、朝阳区、海淀区、丰台区、石景山区

密云县

平谷区

西贯市清真寺

位于阳坊镇西贯市。始建于明弘治七年(1494年)。慈禧太后挟光绪帝出逃，途中夜宿该寺。该寺占地约为2170平方米。现为昌平区重点文物保护单位。

北京著名清真寺
❶ 东四清真寺(东城区东南大街)
❷ 安外清真寺(东城区)
❸ 东外清真寺(东城区东直门外察慈小区)
❹ 南豆芽胡同清真寺(东城区)
❺ 清真法源寺(西城区德外大街)
❻ 清真永寿寺(西城区三里河一区)
❼ 清真普寿寺(西城区锦什坊街)
❽ 正源清真寺(西城区冠英园西区)
❾ 德外清真寺(西城区德胜门外大街)
❿ 牛街清真寺(宣武区牛街)
⓫ 清真女寺(宣武区寺刘胡同)
⓬ 笤帚胡同清真寺(宣武区杨威胡同)
⓭ 花市清真寺(崇文区花市)
⓮ 沙子口清真寺(崇文区)
⓯ 常营清真寺(朝阳区常营乡)
⓰ 南下坡清真寺(朝阳区)
⓱ 杨闸清真寺(朝阳区)
⓲ 海淀清真寺(海淀区)
⓳ 马甸清真寺(海淀区)
⓴ 清河清真寺(海淀区)
㉑ 模式口清真寺(石景山区)
㉒ 丰台清真寺(丰台区)
㉓ 长辛店清真寺(丰台区)
㉔ 南苑清真寺(丰台区)
㉕ 城关镇清真寺(通州区城关镇)
㉖ 张家湾清真寺(通州区张家湾乡)
㉗ 马驹桥清真寺(通州区马驹桥乡)
㉘ 永乐店清真寺(通州区永乐店乡)
㉙ 沙城镇清真寺(怀柔区)
㉚ 薛营清真寺(大兴区)
㉛ 礼贤清真寺(大兴区)
㉜ 东白塔清真寺(大兴区)
㉝ 黄村清真寺(大兴区三中巷)
㉞ 西贯市清真寺(昌平区)
㉟ 五街清真寺(昌平区)
㊱ 南一村清真寺(昌平区)
㊲ 南口清真寺(昌平区)
㊳ 长营清真寺(延庆县)
㊴ 南下坡清真寺(延庆县)
㊵ 密云镇清真寺(密云县)
㊶ 古北口清真寺(密云县)
㊷ 高丽营清真寺(顺义区)
㊸ 窦店清真寺(房山区)
㊹ 常庄清真寺(房山区)
㊺ 新街清真寺(房山区)
㊻ 城子清真寺(门头沟区)

五大节日

清真大寺

QINGZHENDASI MOSQUE

天津市重点文物保护单位

位置图

华北地区 天津

概况 位于天津市红桥区针布街清真巷,地处天津旧城西北角的回族聚居区中心。清真大寺始建于明代,清康熙十八年(1679年)、嘉庆六年(1801年)进行过两次大的扩建,以后又进行多次续建工程。该寺是天津市著名古老建筑之一,现为天津市重点文物保护单位。

导游 清真大寺占地面积7.5亩,建筑面积2200平方米。整个建筑群布局紧凑,结构完整,错落有致。全寺以礼拜殿为主体,东边配盖对厅,南北有讲堂和耳房, 大门两旁有两道院墙、两道门楼, 大门外有铁栅栏圈围,对面有大照壁。礼拜殿后殿并排矗立着五个亭式楼阁。礼拜殿建筑面积890平方米,能容纳千人作礼拜。大殿前梁柱上悬挂着清康熙四十二年(1703年)至今近三百年的汉字匾额31块,数量之多为中国清真寺所罕见。清真大寺二门门楼横壁刻有一组砖刻,是清同治四年由回族著名刻砖艺人马少清所制。砖刻由七块青砖组成,长307厘米,宽23.5厘米,上刻天津鼓楼、白骨塔、庙宇牌楼、旧城门楼等名景。

华北地区著名清真寺分布图

❶ 东四清真寺
❷ 清真大寺
❸ 沧州北大寺
❹ 呼市清真大寺
❺ 济宁东大寺
❻ 太原清真古寺

内蒙古

北京

天津

河北

山西

山东

伊斯兰教三大圣地 TOP3 MOSLEM LAND

麦加 [禁寺] MECCA

麦地那 [先知寺] MEDINA

耶路撒冷 [远寺] JERUSALE

旅游指南(TOUR GUIDE)

地　　址：中国天津市红桥区
邮　　编：300131
电　　话：86-022-86516157（旅游咨询）
开放时间：全天

旅游交通信息（TOUR INFO）

航空机场：天津滨海机场
铁路车站：天津火车站
公　　路：国道103、104、105、112、205、
　　　　　高速公路京沪、津保、津滨、京沈
水路码头：天津海港

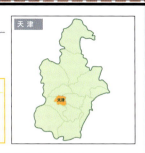

天津

导游图（TOUR MAP）

图例
中心城区　●
城镇　○
铁路
高速公路
国道
省级公路
城墙

清真大寺

天津著名清真寺分布
TIANJIN

天津市简称"津"，面积约1.2万平方公里，居中国全部34省级行政区划排名第31位，人口943万，居第28位。辖18个区县，共有242个乡镇区划，市府位于和平区大沽路167号。国家级重点文物保护单位13处。

天津清真东寺

位于天津市南开区一纬路东口，已有百年历史。南开区是回族聚居区，该寺是南开区唯一的一座清真寺。寺内总建筑面积为400平方米，礼拜大殿有240平方米，寺内有讲堂和男女浴室，院内有古树两棵，环境幽静。

中心城区
和平区、河东区、河西区、南开区、河北区、红桥区

天津位置与距离参考图
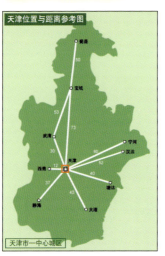
天津市—中心城区

金家窑清真寺

位于河北区金家窑大街,又名清真古寺。建于明万历二年(1574年),是由安徽安庆府回族皇粮漕运帮集资兴建的。其后五次修葺扩展。全寺建筑总面积2000平方米,礼拜大殿建筑形式为古老殿宇式,建筑面积200平方米。金家窑清真寺是天津最古老的清真寺之一,现为河北区文物保护单位。

天津著名清真寺

1 清真大寺(红桥区)
2 西宁道清真寺(红桥区)
3 同义庄清真寺(红桥区)
4 金家窑清真寺(河北区)
5 于厂清真寺(河北区)
6 陈家沟清真寺(河北区)
7 三义庄清真寺(河西区)
8 清真东寺(南开区)
9 黄圈清真寺(塘沽区)
10 塘沽清真寺(塘沽区)
11 咸水沽清真寺(塘沽区)
12 大沽清真寺(塘沽区)
13 清真南寺(北辰区)
14 柳滩清真寺(北辰区)
15 天穆清真北寺(北辰区)
16 天穆清真南寺(北辰区)
17 汉沟清真寺(北辰区)
18 城关清真寺(宝坻区)
19 杨村清真大寺(武清区)
20 小杨庄清真寺(武清区)
21 河西务清真寺(武清区)
22 骆驼房子清真寺(东丽区)
23 南门外清真寺(南开区)
24 梁家嘴清真寺(红桥区)
25 复兴庄清真寺(河东区)
26 大红桥北清真寺(红桥区)
27 洋楼清真寺(红桥区)
28 天津东大寺(南开区)

宁河县

汉沽区

塘沽区

港区

渤海湾

天穆村清真北寺

位于北辰区天穆村。始建于明永乐二年(1404年),当时安庆、浙北回族皇粮漕运帮中穆氏家族定居穆庄子,建造穆庄子清真寺。清真北寺占地4956平方米,寺内由礼拜殿、讲堂、对厅和沐浴室组成,大殿面积为1000平方米,可容纳千余人聚礼。

圣纪 (圣忌)

伊斯兰教历3月12日

圣纪是穆罕默德的诞生日,圣忌是穆罕默德的逝世日。相传穆罕默德诞生于公元571年4月20日(教历3月12日),逝世于公元632年的4月20日。

登霄节

伊斯兰教历7月17日

传说穆罕默德52岁时,在教历7月17日的夜晚,由天使布勒克带来同同,从空中到耶路撒冷,又从那里"登霄",遨游七重天,见到了古往先知和天园、火狱等,黎明时返回麦加。

盖得尔夜

伊斯兰教历9月27日

也称"平安之夜"。传说安拉于该夜通过哲卜勒伊来天使开始颁降《古兰经》,据《古兰经》载,该夜作一件善功胜过平时一个个月的善功。

沧州北大寺

CANGZHOU NORTH MOSQUE

全国重点文物保护单位（2001年）

位置图

华北地区 河北省

概况 位于河北省沧州市区解放中路回民聚居区的中心，始建于明建文末年，历时18年，于1420年建成。清代、民国两次修葺。1966年曾遭破坏，1980年恢复原貌。该寺建筑面积和规模是华北较大的一座清真寺之一，第一部汉译《古兰经》就在此诞生，现为全国重点文物保护单位。

导游 北大寺规模宏大，占地面积8000平方米，其中建筑面积为3200平方米。院内垂槐越檐，绿枝环布。礼拜大殿庄严宏伟，占地面积1350平方米，由前中后三殿和古棚连绵组成一个整体。每层殿为一个顶，顶上有"五脊六兽"，雕刻精细，栩栩如生。后窑池有三亭，中间高，两边低，为驼峰式，又似笔架，别具一格。在清真北大寺北面还有清真女寺。

资料 北大寺声誉在外，不少的人不远千里来此求学，西北地区的陕、甘以及华北地区内蒙古一带的阿訇多是在沧州北大寺学成挂幛。

华北地区著名清真寺分布图

❶ 东四清真寺
❷ 清真大寺
❸ 沧州北大寺
❹ 呼市清真大寺
❺ 济宁东大寺
❻ 太原清真古寺

内蒙古
❹
❶
北京
❷
天津
❸
河北
❻
山西
山东
❺

伊斯兰教三大圣地 TOP3 MOSLEM LAND

MECCA 麦加 [禁寺]

MEDINA 麦地那 [先知寺]

JERUSALE 耶路撒冷 [远寺]

旅游指南(TOUR GUIDE)

地　址: 中国河北省沧州市
邮　编: 061001
电　话: 86-0317-2080122 (旅游咨询)
开放时间: 全天

旅游交通信息 (TOUR INFO)

航空机场: 石家庄正定机场
铁路车站: 沧州火车站
公　路: 国道104、106、307、
高速公路石家庄至冯家堡、京沪
水路码头:

河北省

导游图 (TOUR MAP)

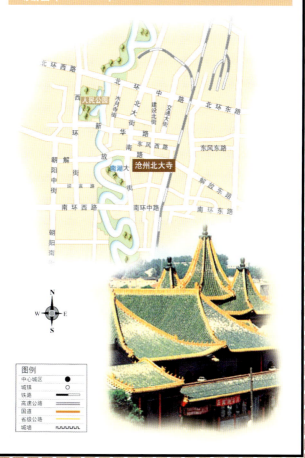

北环西路

人民公园

北环中路

北环东路

水月寺街

建设北街

交通大街

北大街

华南路

新华路

东风西路

东风东路

解放街

沧州北大寺

朝阳中街

迎宾路

南湖大

解放东路

南环西路

南环中路

南环东路

朝阳南

图例
中心城区　●
城镇　○
铁路
高速公路
国道
省级公路
城墙

华北
80

河北著名清真寺分布
HEBEI

河北省简称"冀"，面积约19万平方公里，居中国全部34个省级行政区划排名第12位，人口6865万，居第6位。辖11个地市，172个县级区划，2233个乡镇区划，省会石家庄市。国家级重点文物保护单位165处。

献县本斋清真寺

位于河北省献县本斋东、西村之间的一片高地上。该寺是因抗日英雄马本斋领导回民支队进行革命的发起地而改名。始建于明朝永乐二年(1404年)，多次进行过大的扩建。1939年11月2日，日军闯进东辛庄，烧了马本斋的房子和清真寺。现建筑为1993年修建，主要建筑有窑殿、大殿、二殿、沐浴室、讲堂等。寺前新建一座供全村穆斯林集会的广场，面积3000平方米。

河北位置与距离参考图

省会：石家庄

张家口市

北京

廊坊市

保定市

石家庄市

衡水市

邢台市

邯郸市

开斋节
伊斯兰教历10月1日
又称"肉孜"节(波斯语音译，意为"荣斋")，教法规定，教历9月斋戒一月，斋月最后一天开始新月，见月的次日开斋，即为开斋节，并举行会礼和庆祝活动。

宰牲节
伊斯兰教历12月10日
又称"古尔邦"节，即朝觐者在麦加活动的最后一天，每逢这一节日，穆斯林沐浴盛装，到各清真寺举行会礼，互相拜会，宰牛、羊、骆驼，除了自食以外，互相馈赠，或送给清真寺。

定州清真寺

位于河北省定州市回民街，又称礼拜寺。始建年代不详，元代至正八年（1348年）重建并立碑记其事，该碑现存寺中。全寺占地3.8亩，为中国传统四合院建筑结构，布局严整协调。大门为古式马鞍形，左右各有一座便门。寺内主体建筑为礼拜大殿，大殿前两侧为南北讲堂，另有沐浴室、厢房等建筑。定州清真寺是三大清真寺中最古老的一座，为定州一大名胜。

河北著名清真寺
❶ 石家庄礼拜寺(石家庄市)
❷ 新乐清真寺(石家庄市)
❸ 承德西清真寺(承德市)
❹ 山海关清真寺(秦皇岛市)
❺ 卢龙清真寺(秦皇岛市卢龙县)
❻ 唐山清真大寺(唐山市)
❼ 建昌营清真寺(唐山市迁安县)
❽ 新华街清真寺(张家口市新华街)
❾ 西关清真寺(张家口市西关)
❿ 上堡清真寺(张家口市)
⓫ 宣化区清真寺(张家口市宣化区)
⓬ 宣化清真中寺(张家口市宣化区)
⓭ 宣化清真南寺(张家口市宣化区)
⓮ 宣化清真北寺(张家口市宣化区)
⓯ 宣化清真东土关寺(张家口市)
⓰ 廊坊清真寺(廊坊市南小街)
⓱ 小厂清真寺(廊坊市大厂县)
⓲ 北坞清真寺(廊坊市大厂县)
⓳ 保定清真北寺(保定市)
⓴ 保定清真西寺(保定市)
㉑ 定州礼拜寺(保定定州市)
㉒ 杨家桥三村清真寺(保定定州市)
㉓ 大辛庄清真寺(保定定州市)
㉔ 吴定庄清真寺(保定定州市)
㉕ 涞水清真寺(保定市涞水县)
㉖ 空城村清真寺(保定市徐水县)
㉗ 西槐村清真寺(保定市雄县)
㉘ 西秧坊清真寺(保定市涿州市)
㉙ 易州清真寺(保定市易县)
㉚ 沧州市清真女寺(沧州市)
㉛ 建国清真寺(沧州市建国街)
㉜ 小园清真寺(沧州市)
㉝ 邓屯清真寺(沧州市郊区邓屯)
㉞ 李天木清真寺(沧州市沧县)
㉟ 北阁清真寺(沧州市沧县)
㊱ 泊头市清真寺(沧州市泊头市)
㊲ 沧州北大寺(沧州市解放中路)
㊳ 泊头清真女寺(沧州泊头市)
㊴ 泊头市清真东寺(沧州泊头市)
㊵ 瀛州清真南大寺(沧州河间市)
㊶ 瀛州东寺(沧州河间市)
㊷ 高头清真东寺(无极县高头乡)
㊸ 邢台清真寺(邢台市冶金北路)
㊹ 黄街清真寺(邢台市威县黄街)
㊺ 峰峰清真寺(邯郸市区)
㊻ 北街清真寺(邯郸市大名县)

宣化清真南寺

位于张家口市宣化区庙底街49号院。始建于明永乐年间（1403年），清康熙四十二年（1702年）重修。该寺占地面积十余亩，分前、后两院。前院院中有六角形邦克楼，两侧建有砖雕影壁，过砖砌拱桥，经邦克楼入后院。后院采用四合院布局，由大殿、沐浴室、南北厢房组成，礼拜殿建在正中位置。

圣纪（圣忌）

伊斯兰教历3月12日

圣纪是穆罕默德的诞生日。圣忌是穆罕默德的逝世日，相传穆罕默德诞生于公元571年4月20日（教历3月12日），逝世于公元632年的4月20日。

登霄节

伊斯兰教历7月17日

传说穆罕默德52岁时，在教历7月17日的夜晚，由天使带布勒克前来问候，从麦加到耶路撒冷，又从那里"登宵"，直游七重天，见天使和众先知和天国，又见天堂、地狱等；黎明前返回麦加。

盖得尔夜

伊斯兰教历9月27日

也称"平安之夜"。传说安拉于这夜通过天杉哲布利天使开始颁降《古兰经》。据《古兰经》载，该夜降《古兰经》这一昼夜胜过一千个月的善功。

呼市清真大寺

MOSQUE

呼和浩特市重点文物保护单位

位置图

华北地区 内蒙古

概况 位于内蒙古自治区呼和浩特市通道南街。始建于清康熙三十二年（1693年），仅为数间土屋。乾隆五十四年(1789年)扩建。同治八年（1869年）修南北讲堂。光绪十八年建寺门，二十二年建门前照壁。1939年建望月楼。该寺现为呼和浩特市文物保护单位。

导游 该寺寺门西向，占地面积六亩。寺院整体建筑以中国传统建筑为主，兼容回族砖雕及伊斯兰教装饰艺术，庄严肃穆。寺的正门上悬"清真大寺"横匾，两侧开有便门。礼拜大殿为全寺的主体建筑。采用传统的中国建筑形式，共25间，可容500人同时礼拜。该寺独有的特色建筑是寺院西南角的望月楼。望月楼建于1939年，高约36米，为四层六棱建筑，六面墙体窗户隔层装置，成间隔变化，顶部为六角攒尖顶式。登楼远眺，呼市风景尽收眼底。寺内存康熙三十三年勒石《重刻洪武御制回辉教百字碑》、《康熙圣谕碑》、《重修绥远清真大寺碑》等碑石七通，阿拉伯文手抄本《古兰经》30卷。

华北地区著名清真寺分布图

❶ 东四清真寺
❷ 清真大寺
❸ 沧州北大寺
❹ 呼市清真大寺
❺ 济宁东大寺
❻ 太原清真古寺

内蒙古
❹
北京
❶❷
天津
河北 ❸
❻
山西
山东
❺

1 伊斯兰教三大圣地 TOP3 MOSLEM LAND

麦加 [禁寺] MECCA

麦地那 [先知寺] MEDINA

耶路撒冷 [远寺] JERUSALE

旅游指南(TOUR GUIDE)

地　　址：中国内蒙古自治区呼和浩特市
邮　　编：010000
电　　话：86-0471-6918767（旅游咨询）
开放时间：全天

旅游交通信息（TOUR INFO）

航空机场：白塔机场
铁路车站：呼和浩特火车站
公　　路：国道110、209，
　　　　　高速公路丹拉
水路码头：

内蒙古

导游图（TOUR MAP）

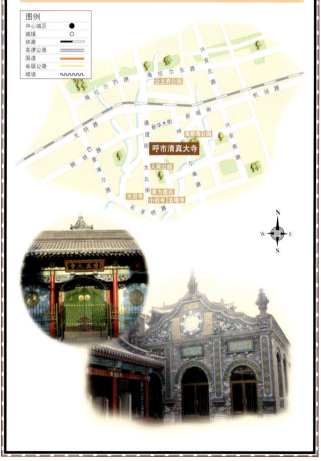

图例
中心城区　●
城镇　○
铁路
高速公路
国道
省级公路
城墙

呼市清真大寺

海拉尔东路　北
公主府公园
兴安
海拉尔西路
光明路
机场通
通道
新华大街　新城街
青城公园
兴安南路
铁木真大街
呼伦贝尔路
尔南路
大南
人民公园
北街
大召寺
席力图召
小召寺 玉皇寺
右羊桥路

N
W　E
S

华北
84

内蒙古著名清真寺分布
I. MOGONLIA

内蒙古自治区简称"蒙"，面积约118万平方公里，居中国全部34省级行政区划排名第3位，人口2352万，居第23位。辖12个地市盟，101个县级区划，861个乡镇区划，首府呼和浩特市。国家级重点文物保护单位76处。

内蒙古位置与距离参考图

首府：呼和浩特

包头市土右旗清真寺

位于包头市土右旗萨拉齐镇，又称萨拉齐清真寺。始建于清乾隆十二年（1747年）。当时，关里大批回民经商来到塞外落籍定居，并集资在此修建起众多的清真寺，该寺为其中之一。现寺占地面积2.6亩，总建筑面积为957平方米。寺内还存有阿文铜匾两块，乾隆四十六年寺租地契约一张。

内蒙古著名清真寺

1. 清真大寺(呼和浩特市)
2. 清真东寺(呼和浩特市)
3. 察索齐清真寺(呼和浩特市)
4. 毕克齐清真寺(呼和浩特市)
5. 清真西寺(呼和浩特市)
6. 清真南寺(呼和浩特市)
7. 新城清真寺(呼和浩特市)
8. 清真北寺(呼和浩特市)
9. 胜利路清真寺(包头市)
10. 瓦窑沟清真寺(包头市)
11. 土右旗清真寺(包头市)
12. 东河区清真寺(包头市)
13. 固阳清真寺(包头市)
14. 莎木佳镇东园清真寺(包头市九原区)
15. 库伦清真寺(通辽市)
16. 科尔沁区清真寺(通辽市)
17. 开鲁县清真寺(通辽市)
18. 多伦县清真寺(通辽市)
19. 乌兰浩特市清真寺(兴安盟)
20. 隆盛庄清真寺(乌兰察布市)
21. 矿区清真寺(乌海市乌达区)
22. 农场清真寺(乌海市乌达区)
23. 公乌素清真寺(乌海市海南区)
24. 乌兰乡清真寺(乌海市乌达区)
25. 拉僧庙清真寺(乌海市海南区)
26. 五虎山清真寺(乌海市乌达区)
27. 老石旦清真西寺(乌海市海南区)
28. 老石旦清真寺(乌海市海南区)
29. 乌兰乡乌兰阿日勒清真寺(乌海市乌达区)
30. 林西县清真寺(赤峰市)
31. 锦山清真寺(赤峰市喀喇沁旗)
32. 旺业甸清真寺(赤峰市喀喇沁旗)
33. 经棚镇清真寺(赤峰市克什克腾旗)
34. 土城子镇清真寺(赤峰市克什克腾旗)
35. 高家梁乡米家营清真寺(赤峰市翁牛特旗)
36. 乌丹清真寺(赤峰市翁牛特旗)
37. 大雁清真寺(呼伦贝尔市)
38. 乌尔其汉镇清真寺(呼伦贝尔市)
39. 牙克石清真寺(呼伦贝尔市)
40. 三河乡上护林清真寺(呼伦贝尔市)
41. 三河乡下护林清真寺(呼伦贝尔市)
42. 三河乡苏沁建设清真寺(呼伦贝尔市)
43. 三河乡团结清真寺(呼伦贝尔市)
44. 三河乡苏沁清真寺(呼伦贝尔市)
45. 三河乡团结清真寺(呼伦贝尔市)

呼和浩特清真东寺

位于呼和浩特市旧城新民街东侧,俗称东学,隶属清真大寺管辖。清同治年间由西北逃亡而来的回民在城东北苏勒图村建寺。光绪年间东学与苏村寺合并建现寺,与清真大寺分坊。全寺占地面积约十余亩,礼拜大殿15间,南北讲堂6间。

圣纪(圣忌)
伊斯兰教历3月12日
圣纪是穆罕默德的诞生日,圣忌是穆罕默德的逝世日。相传穆罕默德诞生于公元571年4月20日(教历3月12日),逝世于公元632年的4月20日。

登霄节
伊斯兰教历7月17日
传说穆罕默德52岁时,在教历7月17日的夜晚,由天使领加勒伸来陪同,从麦加到耶路撒冷,又从那里"登霄",遨游七重天,见到了古代先知和天国,火狱等,黎明时返回麦加。

盖得尔夜
伊斯兰教历9月27日
也称"平安之夜"。传说安拉于这夜通过加卜勒伊伸来天使开始颂降《古兰经》,据《古兰经》载,该夜作一件善功胜过平时一千个月的善功。

济宁东大寺

JINING EAST MOSQUE

全国重点文物保护单位（2006年）

位置图

华北地区 山东省

概况 位于山东省济宁市小闸口上河西街。因前门正临老运河，俗称"顺河东大寺"，并因处全市九座清真寺之东，故又称东大寺。该寺始建于明洪武年间，以后多次修缮。现为全国重点文物保护单位。

导游 东大寺建筑面积4000多平方米。寺内主要建筑有日月坊、讲堂、邦克楼、礼拜大殿、望月楼等。整个寺院遍植松柏，浓郁成阴。日月坊为寺院前面八字粉墙，中间木棚内所立石牌坊，该石坊因在左右两旁分饰日月故而得名。石牌坊的两侧南北对称立有两座木牌坊，并与石牌坊呈一字排列。寺院大门气势庄严，正中两根抱柱，浮雕蟠龙翻滚。门内南北讲堂各六间。正中为邦克楼。礼拜大殿是寺内主体建筑，为歇山式古建筑，共81间1057平方米，由24根通天巨型木柱擎着。该殿用黄绿色琉璃筒瓦覆顶，前檐飞檐高翘，后窑殿为六角亭式，殿顶嵌有铜质轻金宝瓶。大殿四周窗棂全部用金丝楠木雕刻，图案选用阿拉伯装饰花纹，富丽典雅。望月楼位于大殿后，为两层阁楼式建筑。

华北地区著名清真寺分布图

❶ 东四清真寺
❷ 清真大寺
❸ 沧州北大寺
❹ 呼市清真大寺
❺ 济宁东大寺
❻ 太原清真古寺

内蒙古
❹
北京 ❶
❷ 天津
河北 ❸
山西 ❻
山东 ❺

伊斯兰教三大圣地 TOP3 MOSLEM LAND

麦加 [禁寺] MECCA
麦地那 [先知寺] MEDINA
耶路撒冷 [远寺] JERUSALE

旅游指南(TOUR GUIDE)

地　　址：中国山东省济宁市
邮　　编：272119
电　　话：86-6547-2235095(咨询电话)
开放时间：全天

旅游交通信息（TOUR INFO）

航空机场：济南遥墙机场、济宁机场
铁路车站：济宁火车站
公路口岸：国道105、327、
　　　　　高速公路曲阜至菏泽
水路码头：

山东省

导游图（TOUR MAP）

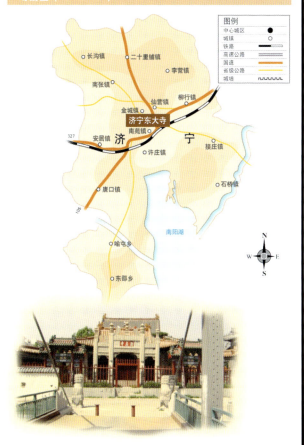

○长沟镇　　○二十里铺镇
　　　　　　　　　　○李营镇
南张镇○
　　　　　○仙营镇　○柳行镇
　　　金城镇○
　　　　济宁东大寺
　　　　○南苑镇
327　　　○安居镇　济　　宁
　　　　　　○许庄镇　　　○接庄镇
　　　　　　　　　　　○石桥镇
105　　　○唐口镇

南阳湖

○喻屯乡

○东郡乡

图例
中心城区　　●
城镇　　　　○
铁路
高速公路
国道
省级公路
城墙

N
W　E
S

山东著名清真寺分布
SHANDONG

山东省简称"鲁",面积约16万平方公里,居中国全部34省级行政区划排名第19位,人口9212万,居第2位。辖17个地市,140个县级区划,1932个乡镇区划,省会济南市。国家级重点文物保护单位95处。

位置图(LOCATOR MAP)

济南清真南大寺

位于济南市回民小区永长街南口(原礼拜寺巷),原称礼拜寺。始建于元朝元贞元年(1295年)。南大寺坐西朝东,占地6630平方米,建筑面积2830平方米。主体建筑影壁、邦克楼、望月楼、礼拜大殿等排列在由东向西的中轴线上。现为山东省重点文物保护单位。

山东位置与距离参考图

省会:济南

泰安清真西大寺

位于山东省泰安市清真寺街,坐落在泰山脚下。始建于元末明初。总占地面积为15亩,建筑总面积为400多平方米,主体建筑礼拜大殿为中国古典式,面积254平方米。寺的大门门额上有"清真寺"三个大字,"真"缺少一横画,寓意为"无一不真"。

临清清真北寺

位于聊城临清市卫河东岸、先锋桥畔,俗称北礼拜寺。据寺内碑文记载始建于明初。该寺面积近一万平米,建筑整体风格是阿拉伯建筑与中国传统建筑的结合。现存大门、钟鼓楼、望月楼、穿厅楼、正殿(礼拜堂)、北讲堂、沐浴室等建筑80余间。清真北寺是临清回族群众进行宗教活动的重要场所,现为山东省重点文物保护单位。

山东著名清真寺
❶ 济南清真南大寺(济南市)
❷ 济南清真北大寺(济南市)
❸ 白集清真寺(商河县张坊乡白集村)
❹ 北地清真寺(长清县张夏镇青北村)
❺ 大冶村清真寺(章丘市埠村镇)
❻ 洛口清真寺(济南市天桥区)
❼ 济南清真女寺(济南市伏虎池畔)
❽ 辛集清真寺(济阳县辛集乡)
❾ 大营清真寺(滨州市阳信县温店镇)
❿ 段家村清真寺(无棣县车镇乡)
⓫ 高庄清真寺(禹城县十里望回族乡)
⓬ 韩寨清真寺(禹城县十里望回族乡)
⓭ 长官镇清真寺(宁津县长官镇)
⓮ 大李白西清真寺(泗水县中册乡)
⓯ 济宁东大寺(济宁市小闸口上河西街)
⓰ 济宁西大寺(济宁市三简碑街路西)
⓱ 柳行东寺(济宁市柳行南街路西)
⓲ 东关清真寺(莱芜市)
⓳ 临清清真北寺(聊城市)
⓴ 临清清真东寺(聊城市)
㉑ 临清清真女寺(聊城市)
㉒ 朝城清真寺(莘县朝城镇北街)
㉓ 沙庄清真寺(冠县冠城镇)
㉔ 东集西村清真寺(莒南县筵宾乡)
㉕ 梁邱清真寺(费县梁邱镇)
㉖ 郯城县码头清真寺(临沂市)
㉗ 青岛清真寺(青岛市)
㉘ 大汶日清真寺(泰安市大汶口镇)
㉙ 泰安清真西大寺(泰安市清真寺街)
㉚ 下旺清真寺(泰安市粥店办事处)
㉛ 青州清真寺(青州市云门)
㉜ 青州真教寺(青州市益都镇昭德街)
㉝ 台儿庄清真寺(枣庄市)
㉞ 峰城清真寺(枣庄市峰城区南关)
㉟ 魏庄清真寺(滕州市木石镇魏庄村)
㊱ 枣庄清真寺(枣庄市)
㊲ 洪山清真寺(淄博市淄川区)
㊳ 柳城沟清真寺(淄博市沂源县金星乡)
㊴ 金岭清真寺(淄博市淄川区)

烟台市

威海市

青岛市

N
W E
S

青州真教寺

位于潍坊青州市益都镇昭德街。据寺内碑文记载,始建于元大德六年(1302年)。全寺占地九亩,建筑面积1300多平方米。院分三进,主体建筑大门、仪门、礼拜殿在东西中轴线上,左右成对称式配列。青州真教寺历来是山东省东邵伊斯兰教的活动中心。

圣纪(圣忌)
伊斯兰教历3月12日

圣纪是穆罕默德的诞生日,圣忌是穆罕默德的逝世日。相传穆罕默德诞生于公元571年4月20日(教历3月12日),逝世于公元632年的4月20日。

登霄节
伊斯兰教历7月17日

传说穆罕默德52岁时,在教历7月17日的夜晚,由天使带布勒伊来陪同,从麦加朝耶路冷,又从那里"登霄",遨游七重天,见到了古兰先知和天园,拂晓前又返回麦加。

盖得尔夜
伊斯兰教历9月27日

也称"平安之夜",传说安拉于该夜通过哲布勒伊来天使开始颁降《古兰经》,据《古兰经》载,该夜作一件善功胜过平时一千个月的善功。

三大节日

太原清真古寺

TAIYUAN MOSQUE

太原市重点文物保护单位

位置图

华北地区 | 山西省

概况 位于山西省太原市解放路7号，又称崇善寺。该寺的始建年代，据寺内碑文记载应为唐贞元年间，宋景佑年间重修，以后经过多次修缮。现存建筑多为明、清遗构。清真古寺现为太原市文物保护单位。

导游 古寺占地面积2.8亩，寺院青砖围墙，灰瓦覆顶，寺内建筑对称，朴实大方。主要建筑由门楼、省心楼、碑亭、讲经堂、大殿、厢房、沐浴室、望月楼等组成。寺门牌楼悬"清真古寺"横匾一块。该寺主体建筑大殿的建筑面积460平方米，可容纳600余人同时礼拜。殿内为阿拉伯式装饰，富丽堂皇。周围木壁刻阿拉伯文《古兰经》，刻工精细。院内南北各有大厅五间，原为穆斯林聚礼休息之所，现北大厅改为教长室、会议室；南大厅改为阿訇住房，沐浴室。寺院内有左右对峙两座碑亭，南亭碑的正面镌刻明太祖朱元璋的百字御赞，碑背面有黄庭坚、赵子昂和傅青主等人观后题铭。北亭碑的正面镌刻清康熙皇帝诏谕，碑的背面是圆形阿拉伯文，内容为赞主赞圣词，刻工精细。

华北地区著名清真寺分布图

❶ 东四清真寺
❷ 清真大寺
❸ 沧州北大寺
❹ 呼市清真大寺
❺ 济宁东大寺
❻ 太原清真古寺

伊斯兰教三大圣地 TOP3 MOSLEM LAND

麦加 [禁寺] MECCA

麦地那 [先知寺] MEDINA

耶路撒冷 [远寺] JERUSALE

旅游指南(TOUR GUIDE)

地　　址：中国山西省太原市
邮　　编：030082
电　　话：86-0351-4070551（旅游咨询）
开放时间：全天

旅游交通信息（TOUR INFO）

航空机场：太原武宿机场
铁路车站：太原火车站
公　　路：国道108、309、209，
　　　　　高速公路青银、京拉
水路码头：

山西省

导游图（TOUR MAP）

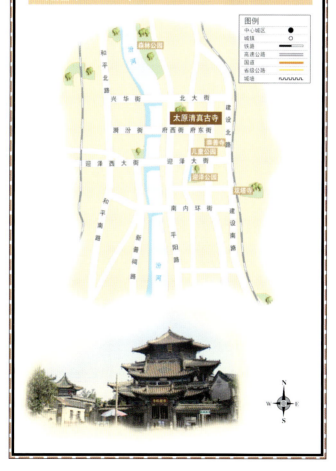

图例
中心城区
城镇
铁路
高速公路
国道
省级公路
城墙

森林公园
汾河
和平北路
兴华街
北大街
建设北路
太原清真古寺
漪汾街
府西街
府东街
新寺街
儿童公园
迎泽西大街
迎泽大街
迎泽公园
双塔寺
和平南路
南内环街
建设南路
新晋祠路
平阳路
汾河

N
W　E
S

山西著名清真寺分布
SHANXI

山西省简称"晋",面积约16万平方公里,居中国全部34省级行政区划排名第20位,人口3294万,居第19位。辖11个地市,119个县级区划,1389个乡镇区划,省会太原市。国家级重点文物保护单位271处。

大同清真寺

位于山西省大同市九楼巷。始建于元泰定元年(1324年),现存建筑多为明清所建。该寺是山西境内两座知名清真寺古寺之一。建筑总面积4000平方米,主体建筑礼拜大殿建筑面积490平方米,由四组殿堂组成,前为卷棚式抱厦。主体为歇山顶和硬山顶两组殿宇,最后为卷棚顶和圆攒尖顶混合式窑殿。

山西位置与距离参考图

省会:太原

吕

运城清真寺

位于山西省运城市东大街118号。始建于1915年。该寺建筑面积529平方米,采用阿拉伯建筑形式,外视上下两层,上大下小,正面白瓷砖贴面。下层中间为拱形大门,上方刻金黄色"清真礼拜堂"五个大字,两旁各四个拱形小门。顶部直径7.8米的绿色大圆顶矗立。

运城市

开斋节

伊斯兰教历10月1日

又称"肉孜"节(波斯语音译,意为"亮戒"),教法规定,教历9月斋戒一月,斋月最后一天寻看新月,见月的次日开斋,即为开斋节,并举行会礼和庆祝活动。

宰牲节

伊斯兰教历12月10日

又称"古尔邦"节,即朝觐者在麦加活动的最后一天,每逢这一节日,穆斯林沐浴盛装,到各清真寺举行会礼,互相拜会、宰牛、羊、骆驼,除了自食外,互相馈赠,或送给清真寺。

山西著名清真寺

❶ 太原清真古寺(太原市解放路)
❷ 大同清真寺(大同市九楼巷)
❸ 大同站东清真寺(大同市九楼巷)
❹ 杜庄乡马家会村清真寺(大同市)
❺ 榆林南大寺(大同市)
❻ 运城清真寺(运城市东大街)
❼ 长治清真北寺(长治市)
❽ 长治清真南寺(长治市)
❾ 长治清真中寺(长治市)
❿ 长治建华清真寺(长治市)
⓫ 长治潞泽清真寺(长治市)
⓬ 长治清真西寺(长治市)
⓭ 长治五一路清真寺(长治市)
⓮ 长治西关清真寺(长治市)
⓯ 长治西南城清真寺(长治市)
⓰ 长治米家庄清真寺(长治市)
⓱ 长治北董清真寺(长治市)
⓲ 长治关村清真寺(长治市)
⓳ 东关清真寺(晋城市)
⓴ 太谷县清真寺(晋中市)
㉑ 南街清真寺(临汾侯马市)
㉒ 绛县清真寺(运城县绛县)

绛县清真寺

长治市清真南寺

位于长治市西街南头巷。始建于明代初期,清顺治十五年(1658年)重建,后屡有修缮。该寺占地面积11.8亩,整体建筑为中国传统四合院式布局。寺内礼拜大殿为中国宫殿式,宣礼塔带有阿拉伯风格。

圣纪（圣忌）

伊斯兰教历3月12日

圣纪是穆罕默德的诞生日,圣忌是穆罕默德的逝世日。相传穆罕默德诞生于公元571年4月20日(教历3月12日),逝世于公元632年的4月20日。

登霄节

伊斯兰教历7月17日

传说穆罕默德52岁时,在教历7月17日的夜晚。由天使布勒伊来陪同,从麦加到耶路撒冷,又从那里"登霄",遨游七重天,见到了古代先知和天国、火狱等;黎明时返回麦加。

盖得尔夜

伊斯兰教历9月27日

也称"平安之夜"。传说安拉于该夜通过天使布勒伊来天使开始降临《古兰经》,据《古兰经》载,该夜作一件善功胜过平时一千个月的善功。

华中地区
CENTER CHINA

华中清真寺分布
CENTER CHINA

华中指中国中部内陆 5 个省级行政区划地域，安徽省简称皖，省会合肥；河南省简称豫，省会郑州；湖北省简称鄂，省会武汉；湖南省简称湘，省会长沙；江西省简称赣，省会南昌。华中地区总面积约88万平方公里，占中国9%的国土总面积。华中地处长江中游，又因是中国第三大河淮河的发源地，因此华中又称"江淮五省"。

朱仙镇清真寺
位于河南省开封县朱仙镇东南隅的老虎洞街，是开封境内现存最大的一座伊斯兰教清真寺，现为全国重点文物保护单位。

长沙清真寺
位于湖南省长沙市西区三兴街115号，是长沙唯一的清真寺。现在湖南省伊斯兰协会、长沙市伊斯兰协会均设于此。

寿县清真寺

位于安徽六安市寿县城关留犊祠巷。始建于明天启年间（1621—1627年），现为安徽省重点文物保护单位。

南昌醋巷清真寺

位于江西省南昌市中山路醋巷15号，又称古寺。该寺为南昌市现存唯一一座清真寺，市伊斯兰教协会设于此。

华中位置与距离参考图

（距离单位：公里）

寿县清真寺
SHOUXIAN MOSQUE

安徽省重点文物保护单位

位置图

华中地区 安徽省

概况 位于安徽省六安市寿县城关留犊祠巷，因寿县古称"寿春"，该寺因此又名"寿春清真寺"。相传这座清真寺始建于唐，1981 年维修寺院时，发现两块藏于殿顶内的志年望砖，铭文一为"明天启年建，道光年重修"，一为"光绪年重修"，后经考证确定为始建明天启年间（1621—1627 年）。该寺初建于寿县西门外，当时的规模较小。清康熙年间迁到现址并扩建。以后道光、光绪各时期直到现在均有修葺。寿县清真寺是寿县最大的清真寺，现为安徽省重点文物保护单位。

导游 寿县清真寺占地面积 8.5 亩，建筑总面积 4200 多平方米。全寺分为两进，原有的大门已毁于火，现余存有二门。寺内天井庭院宽敞广阔，正中用石砖铺砌宽大路面。礼拜大殿是全寺的主体建筑，建筑面积 936 平方米，殿前有大月台，殿内有明柱 50 根，殿内原悬 20 块清康熙年间至宣统年间赐匾，今已不存，现尚有乾隆至光绪年间碑刻六方。后院是由环绕无相宝殿的围墙形成。院内有四棵绿阴蔽日的参天银杏树，寺院肃穆、庄重。

华中地区著名清真寺分布图

❶ 寿县清真寺
❷ 朱仙镇清真寺
❸ 汉口清真大寺
❹ 长沙清真寺
❺ 南昌醋巷清真寺

伊斯兰教三大圣地 TOP3 MOSLEM LAND

麦加 [禁寺] MECCA

麦地那 [先知寺] MEDINA

耶路撒冷 [远寺] JERUSALE

旅游指南(TOUR GUIDE)

地　　址：中国安徽省六安市寿县
邮　　编：232200
电　　话：86-0564-3379183（旅游咨询）
开放时间：全天

旅游交通信息（TOUR INFO）

航空机场：合肥骆岗机场、新桥国际机场
铁路车站：淮南火车站
公　　路：国道206，
水路码头：

安徽省

导游图（TOUR MAP）

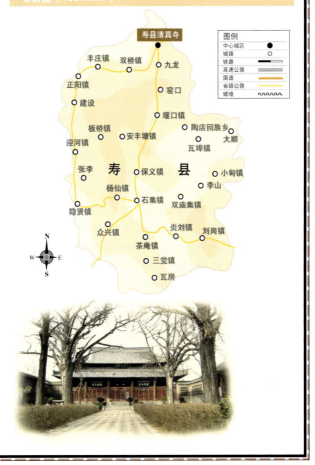

寿县清真寺

图例
中心城区
城镇
铁路
高速公路
国道
省级公路
城境

丰庄镇　双桥镇　九龙
正阳镇
建设　　　　　　窑口
板桥镇　　　　　堰口镇
迎河镇　安丰塘镇　陶店回族乡　大顺
　　　　　　　瓦埠镇
张李　寿　　　县　小甸镇
杨仙镇　保义镇　　李山
隐贤镇　石集镇　双庙集镇
众兴镇　　　炎刘镇　刘岗镇
茶庵镇
三觉镇
瓦房

N
W E
S

安徽著名清真寺分布
ANHUI

安徽省简称"皖",面积约14万平方公里,居中国全部34省级行政区划排名第22位,人口6516万,居第8位。辖17个地市,105个县级区划,1625个乡镇区划,省会合肥市。国家级重点文物保护单位56处。

安庆市关南清真寺

位于安庆市关南清真寺街。始建于明成化初年。整体建筑依北面盛唐山山坡而成,主次分明。主要建筑布局共分三个部分:一组为门厅、抱鼓石拱门、长方院落、客厅;一组为大殿,南北讲堂;另一组为养正堂、水房、阿訇宿舍。礼拜大殿面积600多平方米,中立两人合抱圆木柱36根,可容1000多人聚礼。

安徽位置与距离参考图

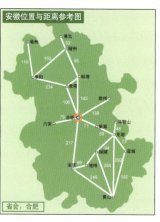

省会:合肥

芜湖市清真寺

位于芜湖市上菜市3号。始建于清同治三年(1864年),当时规模不大。清光绪二十八年(1902年)扩建。现占地1.6亩,建筑总面积455平方米,坐西向东,中轴线对称布局。由寺门、庭院、客厅、经堂、沐浴室、大殿、厢房等建筑组成。

开斋节
伊斯兰教历10月1日

又称"肉孜"节(波斯语音译,意为"斋戒"),教法规定,教历9月斋戒一月,每月月底按日行斋一天,见月的次日即开斋。即教历10月1日,并举行会礼和庆祝活动。

宰牲节
伊斯兰教历12月10日

又称"古尔邦"节,即朝觐者在麦加各项活动的最后一天。每逢这一节日,穆斯林沐浴盛装,到各清真寺举行会礼,互相拜会,宰牛、羊、骆驼,除了自食以外,互相馈赠,或送给清真寺。

位置图 (LOCATOR MAP)

安徽著名清真寺
❶ 合肥清真寺(合肥市寿者路 27 号)
❷ 关南清真寺(安庆市关南清真寺街)
❸ 芜湖市清真寺(芜湖市上菜市 3 号)
❹ 马村清真寺(蚌埠市)
❺ 安庆市南关清真寺(安庆市)
❻ 教门街清真古寺(阜阳界首市)
❼ 长官清真寺(阜阳颍州区)
❽ 中岗清真古寺(阜阳阜南县)
❾ 颍上清真寺(阜阳颍上县)
❿ 谯城区清真寺(亳州市谯城区清真前街)
⓫ 义门清真寺(亳州市涡阳县义门镇)
⓬ 赖山清真寺(淮南市谢家集区)
⓭ 王岗清真寺(淮南市凤台县)
⓮ 李冲清真寺(淮南市凤台县)
⓯ 砀山清真寺(宿州砀山县)
⓰ 田家庵清真寺(淮南市淮滨街)
⓱ 太平清真西寺(淮南市古沟乡太平村)
⓲ 寿县清真寺(六安市寿县城关楼柊祠巷)
⓳ 板桥清真寺(六安市寿县板桥镇东街)
⓴ 瓦埠清真寺 (六安市寿县瓦埠镇西街)
㉑ 许家清真寺 (六安市寿县陶店回族乡)
㉒ 双桥清真寺 (六安市寿县双桥乡)
㉓ 太和县清真北寺(阜阳市太和县城关镇)
㉔ 城关清真寺(淮南市凤台县城关镇)
㉕ 二龙清真寺(滁州市定远县二龙回族乡)
㉖ 三苏清真寺(滁州市定远县二龙回族乡)
㉗ 池河清真寺(滁州市定远县池河镇)
㉘ 横山清真寺(滁州明光市横山乡)
㉙ 铜陵清真寺(铜陵市)

砀山清真寺

位于宿州市砀山县南关街。始建于明永乐十五年(1417年),以后多次扩建修葺。现寺占地面积4.7亩,建筑面积275平方米,为中国古典宫殿式建筑风格,布局合理。寺内珍藏有明末手抄本《古兰经》15卷。

市

滁州市

巢湖市

马鞍山市

芜湖市

铜陵市

宣城市

池州市

黄山市

重大节日

朱仙镇清真寺

ZHUXIANZHEN MOSQUE

全国重点文物保护单位（2006年）

位置图

华中地区 河南省

概况 位于河南省开封县朱仙镇东南隅的老虎洞街，始建于明嘉靖十年（1531年），清乾隆九年（1744年）复建。是开封境内现存最大的一座伊斯兰教清真寺，也是朱仙镇主要游览胜地，现为全国重点文物保护单位。

导游 朱仙镇清真寺整个寺院建筑雄伟壮观，面积14亩，坐西向东，现存建筑有山门、厢房及大殿等。前大门外有石狮子一对，两边是八字墙。门内有精美雕花石柱12根。大门正面石柱上刻有门对，门上悬挂南金大匾三块。大门内有阿文、汉文碑楼各一座，往里长方形天井院，天井南北两侧各有十间前出廊、后出厦的讲堂。正对大门是寺内的主体建筑礼拜大殿，大殿高21米，面积1030平方米。前有卷棚，后有窑殿。大殿正脊中心矗立一座两米多高的紫铜宝瓶，光芒四射，方圆20里内都可看到。

资料 朱仙镇是中国四大名镇之一，历史悠久，这里很早就是回族同胞的集聚地，现有回族人口还占全镇总人口的三分之一。朱仙镇原建有东寺、西寺、南寺、北寺、中心寺和两个女寺等共七座清真寺。其中又以北寺年代最久，规模最大，保存最好。

华中地区著名清真寺分布图

❶ 寿县清真寺
❷ 朱仙镇清真寺
❸ 汉口清真大寺
❹ 长沙清真寺
❺ 南昌醋巷清真寺

河南 ❷
安徽
湖北 ❸
❶
湖南 ❹
江西 ❺

❶ 伊斯兰教三大圣地 TOP3 MOSLEM LAND

MECCA 麦加 [蔡寺]

MEDINA 麦地那 [先知寺]

JERUSALE 耶路撒冷 [远寺]

旅游指南(TOUR GUIDE)

地　　址：中国河南省开封市开封县
邮　　编：475100
电　　话：86-0378-3934813（旅游咨询）
开放时间：全天

河南省

旅游交通信息（TOUR INFO）

航空机场：郑州新郑机场
铁路车站：开封火车站
公　　路：国道310、
　　　　　高速公路连霍
水路码头：

导游图（TOUR MAP）

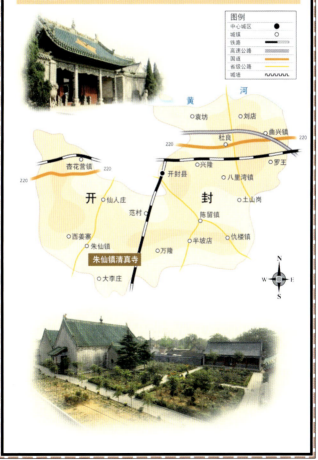

图例
中心城区
城镇
铁路
高速公路
国道
省级公路
城堤

黄　　河

袁坊　　刘店

杜良　　曲兴镇　220

220　兴隆　　罗王

杏花营镇　220

220　　开封县　八里湾镇

开

仙人庄　　土山岗

范村

封

陈留镇

西姜寨

朱仙镇　　半坡店　仇楼镇

朱仙镇清真寺　万隆

大李庄

N
W　E
S

华中
104

河南著名清真寺分布
HENAN

河南省简称"豫",面积约17万平方公里,居中国全部34省级行政区划排名第17位,人口10010万,居第1位。辖17个地市,159个县级区划,2355个乡镇区划,省会郑州市。国家级重点文物保护单位189处。

开封清真东大寺

位于开封市清平南大街7号,又称东清真寺,古称大梁清真寺。始建年代不详。为开封市四大寺观之一。今寺占地十余亩,规模宏伟,坐西朝东,内分三进。大门前临街道,门前有大石狮一对。大门与二门间原是"经书义塾",现为东大寺武术馆。二门内为宽敞整洁的庭院,中间原建有望月楼。两旁为南北讲堂和水房,附有武学屋和经学堂。院西是主体建筑:卷棚、二殿和大殿。殿后为第三进院。该寺为全国重点文物保护单位。

焦作市

洛阳市

三门峡市

平顶山

南阳市

河南位置与距离参考图

省会:郑州

郑州北大寺

开斋节
伊斯兰教历10月1日

又称"肉孜"节(波斯语音译,意为"斋戒")。教法规定,教历9月斋戒一月,斋月最后一天寻看新月。见月的次日开斋,即为开斋节,并举行会礼和庆祝活动。

宰牲节
伊斯兰教历12月10日

又称"古尔邦"节,即朝觐者在麦加活动的最后一天,每逢这一节日,穆斯林沐浴盛装,到各清真寺行会礼,互相拜会,宰牛、羊、骆驼,除了自食以外,互相馈赠,或送给清真寺。

沁阳清真北大寺

位于焦作沁阳市市区北寺大街中段，始建于元代。该寺由男寺和女寺两部分组成，占地面积3000多平方米。主体建筑呈轴对称布局，三进三段。礼拜大殿独具特色，由客厅、大拜殿、二拜殿、窑殿几部分组成，并由天沟跟泄水相连，进深直通36米。现为全国重点文物保护单位。

安阳市
鹤壁市
濮阳市
开封市
商丘市
市
漯河市
周口市
马店市
信阳市

郑州北大寺

位于郑州老城内管城回族区冶东侧，地处回族群众聚居区。又名北大寺，始建于唐朝。是一座以中国传统的建筑形式建成的伊斯兰教礼拜寺院。坐西向东，占地面积14亩，建筑总面积4000平方米。现存大门、望月楼和大拜殿等建筑。大拜殿建筑面积500平方米。郑州伊斯兰经学院附设在此寺之中。该寺现为河南省文物保护单位。

圣纪（圣忌）
伊斯兰教历3月12日

圣纪是穆罕默德的诞生日。圣忌是穆罕默德的逝世日。相传穆罕默德诞生于公元571年4月20日(教历3月12日)。逝世于公元632年的4月20日。

登霄节
伊斯兰教历7月17日

传说穆罕默德52岁时，在教历7月17日的夜晚。由天使策布勒伊来陪同，从麦加到耶路撒冷，又从那里"登宵"，遨游七重天。见到了古代先知和天国。火狱等，黎明时返回麦加。

盖得尔夜
伊斯兰教历9月27日

也称"平安之夜"。传说安拉于这夜通过哲布勒伊来天使开始向穆罕默德《古兰经》。据《古兰经》载，该夜作一件善功胜过平时一千个月的善功。

汉口清真大寺
HANKOU MOSQUE

武汉市重点文物保护单位

位置图

华中地区 湖北省

概况 位于湖北省武汉市汉口民权路146号，原名广益桥清真寺，俗称湖北寺，又称清真后寺。始建于清雍正年间(1723—1735年)，初建时占地1.8亩，1911年该寺遭大火焚毁，随即按原样复建。1930年拓宽汉口马路时，清真大寺被拆，后移重建，重建后占地仅余0.8亩。1986年又进行过修缮。该寺曾培养过一批知名阿訇。抗日战争初期曾成为回民抗日救亡活动的中心。现汉口伊斯兰教协会设立于此。

导游 汉口清真大寺现为一座具有阿拉伯特色的五层楼房，建筑总面积达940平方米。五楼平台上耸立着三个圆顶，为宣礼塔。一楼系净水堂，设备齐全；二楼为讲经堂、会客厅；三楼为礼拜大殿，面积360平方米，可容500人同时礼拜；四楼为武汉伊斯兰教协会办公处；五楼平时用作会场、会礼时的另一礼拜殿。

资料 清康熙年间，陕西、甘肃、河北、江西及安徽等省的回民来汉在广益桥一带定居。因宗教生活的需要，于雍正元年(1623年)集资买了一间磨房改做礼拜堂。后来在磨房附近挖出一缸银子，便以此银在原地扩建盖成一座清真寺。

华中地区著名清真寺分布图

❶ 寿县清真寺
❷ 朱仙镇清真寺
❸ 汉口清真大寺
❹ 长沙清真寺
❺ 南昌醋巷清真寺

1 伊斯兰教三大圣地 TOP3 MOSLEM LAND

麦加 [禁寺] MECCA

麦地那 [先知寺] MEDINA

耶路撒冷 [远寺] JERUSALE

旅游指南(TOUR GUIDE)

地　　址：中国湖北省武汉市
邮　　编：430014
电　　话：86-027-85773706（咨询电话）
开放时间：全天

湖北省

旅游交通信息 （TOUR INFO）

航空机场：武汉天河机场
铁路车站：武汉火车站
公　　路：国道106、107、316、318、
　　　　　高速公路京珠、沪蓉
水路码头：长江航运

导游图（TOUR MAP）

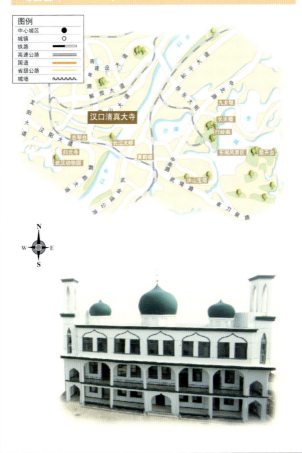

图例

中心城区	●
城镇	○
铁路	
高速公路	
国道	
省级公路	
城墙	

汉口清真大寺

华中
108

湖北著名清真寺分布
HUBEI

湖北省简称"鄂",面积约19万平方公里,居中国全部34省级行政区划排名第14位,人口5984万,居第9位。辖13个地市,102个县级区划,1219个乡镇区划,省会武汉市。国家级重点文物保护单位91处。

位置图 (LOCATOR MAP)

湖北位置与距离参考图

十堰

襄樊

205

146 282

宜昌 荆门 151 孝感 武汉 黄冈

恩施 368 80 67 229 鄂州 黄石

荆州 95 97

咸宁

省会:武汉

十堰市

神农架林区

恩 施

武汉江岸清真寺

位于武汉市江岸区二七街永和里83号。原称刘家庙清真寺,又称二七街清真寺。始建于1918年,最初只是一座简易清真寺,仅是为了周围回民宗教所需。这些回民是清光绪三十二年(1906年),河南周口地区遭灾逃荒来的一些回族小商贩,他们来到刘家庙一带后,在此定居,并以搬运、拉人力车为生。1920年,他们又募集款项在下正街铁路边森林处买了一栋小楼作为清真寺。1937年毁于战火后,在现址购楼房一栋重建。现寺为2006年整修重建。整修后的清真寺其占地1400平方米,建筑1000平方米,主体建筑共三层。

开斋节
伊斯兰教历10月1日
又称"肉孜"节(波斯语音译,意为"斋戒")。教法规定,教历9月斋戒一月,亲月最后一天寻觅新月,见月的次日开斋。即为开斋节,并举行会礼和庆祝活动。

宰牲节
伊斯兰教历12月10日
又称"古尔邦"节,即朝觐者在麦加活动的最后一天,每逢这一节日,穆斯林沐浴盛装,到各清真寺举行会礼,互相拜会。宰牛、羊、骆驼,除了自食以外,互相馈赠,或送给清真寺。

襄樊市樊城清真寺

位于湖北省襄樊市樊城友谊街，樊城友谊街原名教门街，为回族聚居区。清真寺始建于明永乐年间。清乾隆五十七年（1792年）、道光二十三年（1843年）、同治六年（1867年）均有重修。寺为中国传统四合院建筑形式，寺门为三层飞檐式门楼，门壁两侧镶有壁花及阿拉伯文字屏。主体建筑礼拜大殿为中国宫殿式，分卷棚、正殿、窑殿三部分，勾连搭相接，可供500人同时礼拜。其它主要建筑有望月楼、南北讲堂等。

湖北著名清真寺
❶ 武昌起义街清真寺(武汉市)
❷ 江岸清真寺(武汉市)
❸ 汉口民权路清真大寺(武汉市)
❹ 老湾回族乡清真寺(武汉市)
❺ 樊城清真寺(襄樊市樊城友谊街)
❻ 宜城清真寺(襄樊市)
❼ 西斋清真寺(荆州松滋市西斋镇)
❽ 沙市清真寺(荆州沙市新沙路61号)
❾ 洪湖清真寺(荆州洪湖市)
❿ 老湾回族乡清真寺(荆州洪湖市)
⓫ 十堰市清真寺(十堰市)
⓬ 竹溪县清真寺(十堰市)
⓭ 郧阳清真寺(十堰市)
⓮ 房县城关清真寺(十堰市)
⓯ 西州清真寺(十堰市郧西县湖北口回族乡)
⓰ 孝感清真寺(孝感市)
⓱ 魏家湾清真寺(仙桃市郭河镇)
⓲ 沔阳清真寺(仙桃市沔城回族镇七里城)
⓳ 竹溪县城关清真寺(黄石市)

沙市清真寺

位于湖北省沙市新沙路61号。沙市原有清真寺两座，称之为"上寺"和"下寺"。此处为下寺。上寺在现沙市区迎喜街。下寺始建于明天顺三年（1459年），是明朝在京供职的回族官员、地方回族商户及各方友人集资修建。现占地面积约1.6亩，建筑总面积593平方米。寺内有礼拜大殿、耳房、水房、叫拜楼等建筑。

圣纪（圣忌）

伊斯兰教历3月12日

圣纪是穆罕默德的诞生日。圣忌是穆罕默德的逝世日。相传穆罕默德诞生于公元571年4月20日(教历3月12日)，逝世于公元632年的6月20日。

登霄节

伊斯兰教历7月17日

传说穆罕默德52岁时，在教历7月17日的夜晚，由天使哲布勒伊来陪同，从麦加到耶路撒冷，又从那里"登霄"，遨游七重天，见到了古代先知和天国、火狱等，黎明时返回麦加。

盖得尔夜

伊斯兰教历9月27日

也称"平安之夜"。传说安拉于这夜通过天仙布勒伊来天使开始颁降《古兰经》。据《古兰经》载：这夜作一件善功胜过平时一千个月的善功。

X
火敬日

长沙清真寺

CHANGSHA MOSQUE

长沙市重点文物保护单位

位置图

华中地区 湖南省

概况 位于湖南省长沙市西区三兴街115号，贺龙体育场旁，是长沙唯一的清真寺。该清真寺始建于清康熙五十年（1711年），当时是由来自于晋、豫、陕等地的穆斯林商人集资兴建，因此称为"客寺"。1918年，从江苏南京来湘旅居的穆斯林客商集资建镜陵义学于客寺南侧。但是这些建筑均毁于1938年长沙"文夕"大火。1945年重修。1985年择白沙古井上方白沙岭新建清真寺，1990年竣工。现在湖南省伊斯兰协会、长沙市伊斯兰协会均设于此。

导游 新建的清真寺为一座伊斯兰风格的建筑，建筑面积1500平方米。主体建筑为白色外墙上圆顶阿拉伯式，正面书写"清真寺"三个大字，两边对称的墙壁上书写有阿拉伯文。殿高三层：一层为民族活动厅，水磨石地面；二层为接待、办公用房，铺地面砖；三层为礼拜殿，木板地面。清真寺院内幽静舒适，出院门口，旁边有个经销伊斯兰用品及纪念品的商店。清真寺门外一旁有一座具有湖南风味的清真餐馆。长沙市穆斯林礼拜及三大节日等教事活动都在该清真寺进行。

华中地区著名清真寺分布图

❶ 寿县清真寺
❷ 朱仙镇清真寺
❸ 汉口清真大寺
❹ 长沙清真寺
❺ 南昌醋巷清真寺

河南 ❷
安徽
❶
湖北
❸
湖南
❹
江西
❺

伊斯兰教三大圣地 TOP3 MOSLEM LAND

麦加 [禁寺] MECCA

麦地那 [先知寺] MEDINA

耶路撒冷 [远寺] JERUSALE

旅游指南(TOUR GUIDE)

地　　址：中国湖南省长沙市
邮　　编：410005
电　　话：86-0731-4760555（旅游咨询）
开放时间：全天

旅游交通信息（TOUR INFO）

航空机场：长沙黄花机场、湖阳荷花机场
铁路车站：长沙火车站
公　　路：国道107、319、
　　　　　高速公路京珠、长常、沪瑞
水路码头：

湖南省
长沙

导游图（TOUR MAP）

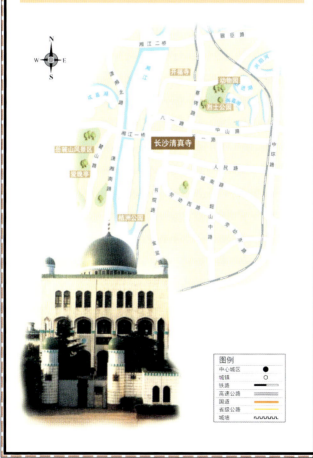

图例
中心城区 ●
城镇 ○
铁路
高速公路
国道
省级公路
城墙

湖南著名清真寺分布
HUNAN

湖南省简称"湘",面积约21万平方公里,居中国全部34省级行政区划排名第10位,人口6674万,居第7位。辖14个地市,122个县级区划,2407个乡镇区划,省会长沙市。国家级重点文物保护单位58处。

位置图 (LOCATOR MAP)

常德清真寺

位于湖南省常德市东门外民族街。常德市是湖南穆斯林居住较为集中的地区,该寺是常德城八座清真寺中最古老的一座,故原名常德德清真古寺。常德清真寺始建于明代永乐年间,原址本不在此,清顺治二年改建于现址,常德市伊斯兰教协会设立在该寺。清真寺占地面积约4.5亩,总建筑面积达2000多平方米,全寺建筑错落有致。寺前有牌楼,南为三进大厅,分别是殿前厅、礼拜大殿和讲经楼。大殿西侧为教长、海里几住房;内进为南北对峙的两排教室。大殿前有花园,左侧厢房为客厅,北端为一排房,由东至西分别为保管室、井亭与水堂子等。现礼拜大殿檐前尚存"古今唯一"、"教传真统"、"无极真源"三块金字匾额。

湖南位置与距离参考图

省会:长沙

开斋节
伊斯兰教历10月1日

又称"肉孜"节(波斯语音译,意为"素戒"),教法规定,伊斯兰教历9月要戒斋一月,斋月最后一天得有新斋月,见月的次日为开斋节,并举行会礼和庆祝活动。

宰牲节
伊斯兰教历12月10日

又称"古尔邦"节,即朝觐者在麦加活动的最后一天,每逢这一节日,穆斯林沐浴盛装,到各清真寺举行会礼、互相拜会,宰牛、羊、骆驼,除了自食以外,互相馈赠,或送给清真寺。

邵阳市清真古寺

位于邵阳市保宁街，又称邵阳市清真东寺，始建于明洪武元年（1368年），是该市最古老的一座清真寺。邵阳是湖南省历史上伊斯兰教传播、发展、活动的重点地区。邵阳清真古寺总占地面积为1.1亩，总建筑面积为1160平方米。大殿是一幢乳白色的二层楼建筑，具有浓郁的伊斯兰建筑特色，建筑面积为676平方米。

湖南著名清真寺
❶ 长沙清真寺(长沙市西区三兴街115号)
❷ 常德清真寺(常德市东门外民族街)
❸ 毛家滩清真西寺(常德市汉寿县)
❹ 炸埠清真寺(常德市桃江县炸埠回族乡)
❺ 枫树乡清真寺(常德市桃源县枫树乡)
❻ 青林清真寺(常德市桃源县青林乡)
❼ 邵阳清真寺(邵阳市保宁街)
❽ 邵阳清真南寺(邵阳市西湖路)
❾ 桃花坪清真寺(邵阳市邵阳县)
❿ 青草清真寺(邵阳市邵阳县永兴乡)
⓫ 鹤田清真老寺(邵阳市邵阳县银仙桥乡)
⓬ 清真古寺(邵阳市隆回县山界回族乡)
⓭ 清真东寺(邵阳市隆回县山界回族乡)
⓮ 清真南寺(邵阳市隆回县山界回族乡)
⓯ 清真西寺(邵阳市隆回县山界回族乡)
⓰ 清真北寺(邵阳市隆回县山界回族乡)
⓱ 罗白清真寺(邵阳市隆回县山界回族乡)
⓲ 武冈清真寺(邵阳市武冈市)
⓳ 益阳清真寺(益阳市)
⓴ 南寺头清真寺(益阳市)
㉑ 南小街清真寺(益阳市)
㉒ 南营清真寺(益阳市)
㉓ 沅陵清真寺(怀化市沅陵县)
㉔ 新晃清真寺(怀化市新晃县)
㉕ 淑浦清真寺(怀化市淑浦县)
㉖ 黔阳清真寺(怀化市)
㉗ 龙溪古镇清真寺(怀化市新晃县)
㉘ 泸溪清真寺(湘西州泸溪县)
㉙ 吉首清真寺(湘西州吉首市)
㉚ 南小街清真寺(湘西州吉首市)
㉛ 莲花街清真寺(湘潭市)

桃江县炸埠清真寺

位于湖南省桃江县炸埠回族乡。始建于清康熙初年，规模很小且年久失修，嘉庆九年（1804年）迁南京湾村大房赠今址，建三进平房。现大殿为木结构平房，建筑面积128平方米，全寺总建筑面积800平方米。回族居住桃江县始于明代中晚期。明成化年间祖籍北京的李氏自常德迁居炸埠五里车门锻白杨村；明嘉靖初年祖籍南京的李氏亦自常德迁入，居五里车门锻唐家，俗有"北李"、"南李"之称。后黄、马诸姓逐渐迁入。

圣纪（圣忌）
伊斯兰教历3月12日

圣纪是穆罕默德的诞生日，圣忌是穆罕默德的逝世日。相传穆罕默德诞生于公元571年4月20日(教历3月12日)，逝世于公元632年的4月20日

登霄节
伊斯兰教历7月17日

传说穆罕默德52岁时，在教历7月17日的夜晚。由天使替布率领伊来随同，从阿拉伯的麦加到耶路撒冷，又从那里"登宵"游七重天，见到了古尚先知和天国，火狱等，黎明时返回麦加。

盖得尔夜
伊斯兰教历9月27日

也称"平安之夜"。传说安拉于该夜通过天箭命令伊来天使开始领降《古兰经》。据《古兰经》载，该夜作一件善功抵平时一千个月的善功。

X
大
贺
日

南昌醋巷清真寺
CUXIANG MOSQUE

南昌市重点文物保护单位

位置图

华中地区　江西省

概况　位于江西省南昌市中山路醋巷15号，又称古寺。始建年代说法不一，一说建于1673年清康熙年间；另据《南昌县志》记载，始建于清道光四年（1824年），由马、哈两位穆斯林集资购民房一栋改建。1929年将原单层建筑改为砖木双层结构。后该寺几毁几建，曾一度作为民房使用。1981年将原屋推倒重建为钢筋水泥两层楼房。该寺为南昌市现存唯一一座清真寺，市伊斯兰教协会设于此。为江西省颇具影响的穆斯林宗教活动中心。

导游　南昌醋巷清真寺坐南朝北，呈长方形，占地400多平方米，分为前栋和后栋。整体建筑采用中国传统的建筑风格，大门呈八字形，正面上端石刻匾额镌刻着"清真寺"三个大字。前栋下层为大小净（沐浴）水房，上层为办公室，前后栋之间有一天井相连。后栋为寺内主要建筑，大殿设在楼上，约100平方米，可容纳200人礼拜。西南角设有厢房一间。楼下大厅作会议及节日等活动之用，东西两侧是经堂、教长室、接待室。在厅尽头有天井与前栋天井遥相呼应。

华中地区著名清真寺分布图

❶ 寿县清真寺
❷ 朱仙镇清真寺
❸ 汉口清真大寺
❹ 长沙清真寺
❺ 南昌醋巷清真寺

河南 ❷
安徽 ❶
湖北 ❸
湖南 ❹
江西 ❺

伊斯兰教三大圣地　TOP3 MOSLEM LAND

麦加 [禁寺] MECCA

麦地那 [先知寺] MEDINA

耶路撒冷 [远寺] JERUSALE

旅游指南(TOUR GUIDE)

地　　址: 中国江西省南昌市
邮　　编: 330008
电　　话: 86-0791-8609110 (旅游咨询)
开放时间: 全天

旅游交通信息 (TOUR INFO)

航空机场: 南昌昌北机场
铁路车站: 南昌火车站
公　　路: 国道 105、316、320，
　　　　　高速公路京福、沪瑞
水路码头:

江西省

导游图 (TOUR MAP)

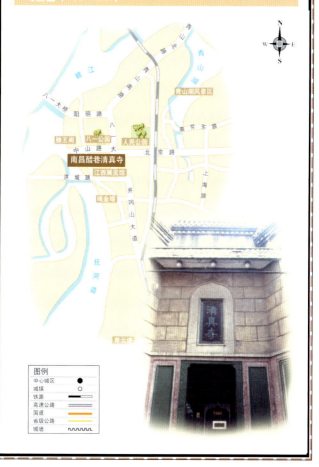

图例

中心城区	●
城镇	○
铁路	
高速公路	
国道	
省级公路	
城墙	

江西著名清真寺分布

JIANGXI

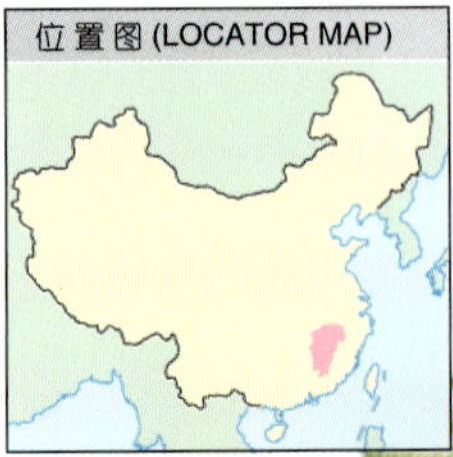
位置图 (LOCATOR MAP)

江西省简称“赣”，面积约17万平方公里，居中国全部34省级行政区划排名第18位，人口4384万，居第12位。辖11个地市，99个县级区划，1526个乡镇区划，省会南昌市。国家级重点文物保护单位51处。

赣州清真寺

位于赣州市城北桥儿口10号。通称礼拜寺。始建于明代，清道光二十一年(1841年)和同治十年(1871年)曾两度重修，寺内尚存刻有重修时捐款人姓名石碑。现寺占地面积700多平方米，建筑面积452平方米，大殿、水房齐全。是赣南地区唯一的清真寺。

明景泰元年（1450年），九江总兵哈马直率回族官兵及家属入赣，伊斯兰教就此传入江西省。哈马直后定居九江，并建有江边清真寺。后来随着西北回族来江西经商并定居，相继在景德镇、南昌、赣州、庐山等地建立了多座清真寺，进行宗教活动现仅存五座。

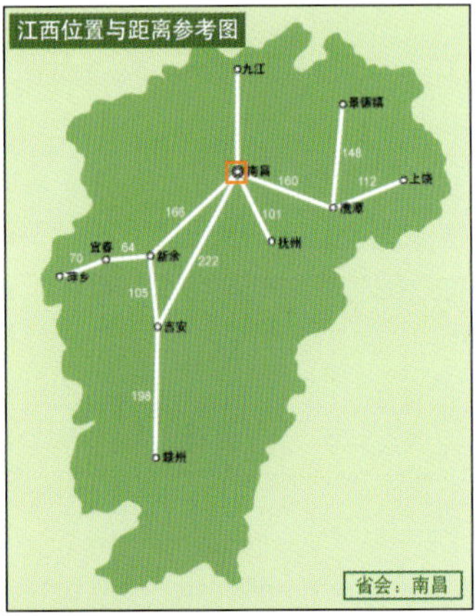
江西位置与距离参考图
九江
景德镇
南昌
上饶
鹰潭
抚州
新余
宜春
萍乡
吉安
赣州
148
160
112
166
101
64
70
222
105
198
省会：南昌

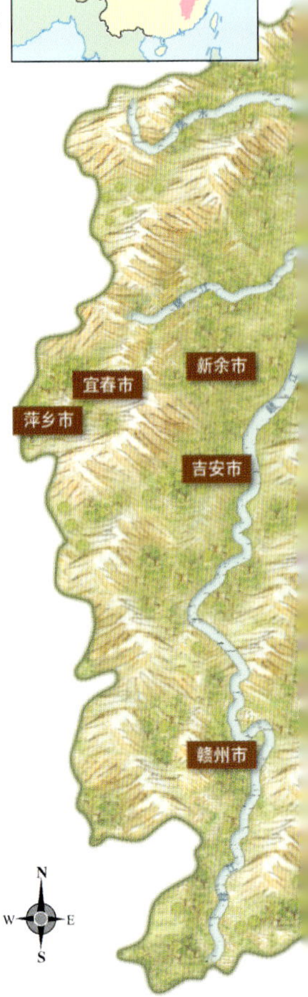
新余市
宜春市
萍乡市
吉安市
赣州市
N
W
E
S

开斋节

伊斯兰教历10月1日

又称“肉孜”节（波斯语音译，意为“斋戒”）。教法规定，教历9月斋戒一月，斋月最后一天寻看新月，见月的次日开斋，即为开斋节，并举行会礼和庆祝活动。

宰牲节

伊斯兰教历12月10日

又称“古尔邦”节，即朝觐者在麦加活动的最后一天，每逢这一节日，穆斯林沐浴盛装，到各清真寺举行会礼，互相拜会，宰牛、羊、骆驼，除了自食以外，互相馈赠，或送给清真寺。

江西著名清真寺

1 南昌醋巷清真寺(南昌市)
2 庐山清真寺(九江庐山风景区 834 号)
3 九江清真寺(九江市滨江路 69 号)
4 赣州清真寺(赣州市)
5 景德镇清真寺(景德镇市)

景德镇市
南昌市
上饶市
鹰潭市
抚州市

庐山清真寺

位于庐山风景区 834 号。建于 1922 年,是当时驻庐山的回族军官马坤和当地穆斯林所建,最初十分简陋,1980 年后重修。现在全寺占地面积 0.5 亩,建筑面积为 219 平方米。大殿礼拜大殿形式为别墅式小楼房,分上下两层,建筑面积 50 平方米。

景德镇清真寺

位于景德镇董家上岭 12 号,始建于清乾隆年间,由吴姓穆斯林发起捐资兴建。该清真寺占地面积 700 余平方米,为砖木结构建筑,寺内备有客房供西北穆斯林瓷商居住。大殿原悬有乾隆御笔"开天古教"金字匾额及其他匾额八块,"文革"中被毁。

圣纪(圣忌)

伊斯兰教历 3 月 12 日

圣纪是穆罕默德的诞生日,圣忌是穆罕默德的逝世日。相传穆罕默德诞生于公元 571 年 4 月 20 日(教历 3 月 12 日),逝世于公元 632 年的 4 月 20 日。

登霄节

伊斯兰教历 7 月 17 日

传说穆罕默德 52 岁时,在教历 7 月 17 日的夜晚,由天使陪伴勒伊来陪同,从麦加到耶路撒冷,又从那里"登肖",遨游七重天,见到了古代先知和天国,火狱等,黎明时返回麦加。

盖得尔夜

伊斯兰教历 9 月 27 日

也称"平安之夜"。传说安拉于该夜通过祂布勒伊来天使开始明降《古兰经》,据《古兰经》载,该夜作一件善功胜过平时一千个月的善功。

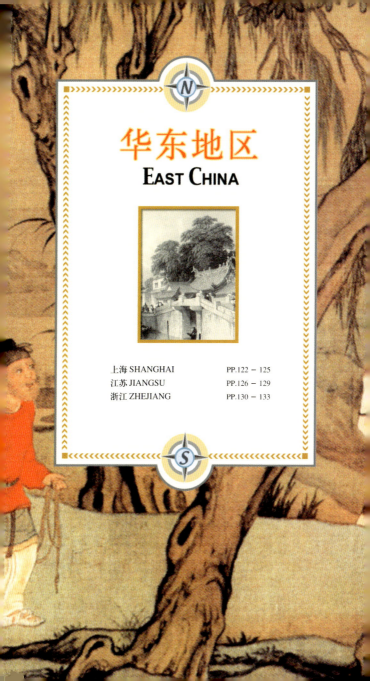

华东地区
EAST CHINA

华东清真寺分布
EAST CHINA

华东指中国东部沿海 3 个省级行政区划地域，直辖市上海，简称沪；江苏省简称苏，省会南京。浙江省简称浙，省会杭州。华东地区总面积约 21 万平方公里，占中国 2% 的国土总面积。中国第一大河长江由此入海，在此形成了长江三角洲冲积平原。

松江清真寺

位于上海市松江区西马路缸望巷，是上海最古老的一座伊斯兰教寺院，始建年代说法不一。该寺现在是上海地区著名的游览胜地和中外穆斯林宗教活动场所。为上海市重点文物保护单位。

扬州仙鹤寺

位于江苏省扬州市解放南路17号，又名清白流芳礼拜寺，始建于1275年。该寺与广州怀圣寺、泉州麒麟寺、杭州凤凰寺齐名的中国沿海地区的四大清真寺之一。现为全国重点文物保护单位。

华东著名清真寺		
❶ 松江清真寺	（PP.122-123）	
❷ 扬州仙鹤寺	（PP.126-127）	
❸ 宁波清真寺	（PP.130-131）	

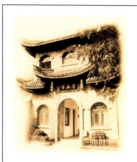

宁波清真寺

位于浙江省宁波市后营巷18号。始建于宋咸平年间（998—1003年），现存的清真寺是清代康熙三十八年(1699年)重建。宁波清真寺是浙东地区唯一的伊斯兰教寺院，现为宁波市文物保护单位。

华东位置与距离参考图

（距离单位：公里）

松江清真寺
SONGJIANG MOSQUE

上海市重点文物保护单位

位置图

华东地区 上海

概况 位于上海市松江区西马路缸望巷,是上海最古老的一座伊斯兰教寺院,又名松江真教寺,因"云间"是松江古称,相传松江是白鹤的家乡,故而也称云间白鹤寺。该寺的始建年代说法不一,一说为元代至正年间(1341—1368年)创建,另一说为1295年西域穆斯林纳速拉丁镇守松江时创建。松江清真寺是伊斯兰教与中国文化相结合的标志之一,也是上海地区著名的游览胜地和中外穆斯林宗教活动场所。现为上海市重点文物保护单位。

导游 松江清真寺布局保持了元、明时期伊斯兰教寺、墓合一的传统风格。寺东南墙为历代松江回族的坟墓,称为"松江口回坟"。清真寺既保持了阿拉伯圆柱拱顶式,同时又兼具中国古典建筑风格。其大门北向,前别照壁嵌有"清妙无真"四个砖刻大字。寺东侧为砖砌斗拱结构的邦克楼,拱形门洞为出入道,楼旁列二便门。礼拜大殿为明代江南木结构厅堂式建筑,大殿门廊与尽头窑殿(壁龛所在)相接,殿的南侧有水房浴室,南北设有两厢房,为穆斯林讲经堂和伊玛目诵经、会客的地方。

华东地区著名清真寺分布图

❶ 松江清真寺
❷ 扬州仙鹤寺
❸ 宁波清真寺

江苏

上海

浙江

伊斯兰教三大圣地 TOP3 MOSLEM LAND

麦加 [禁寺] MECCA

麦地那 [先知寺] MEDINA

耶路撒冷 [远寺] JERUSALE

旅游指南(TOUR GUIDE)

地　　址：中国上海市松江区
邮　　编：201600
电　　话：86-021-57653324（旅游咨询）
开放时间：全天

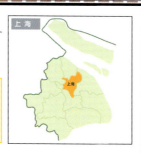
上海

旅游交通信息（TOUR INFO）

航空机场：上海虹桥机场、浦东机场
铁路车站：上海火车站
公　　路：国道204、312、319、320、
　　　　　高速公路同三、沪蓉（沪宁）、沪瑞（沪杭甬）
水路码头：上海港

导游图（TOUR MAP）

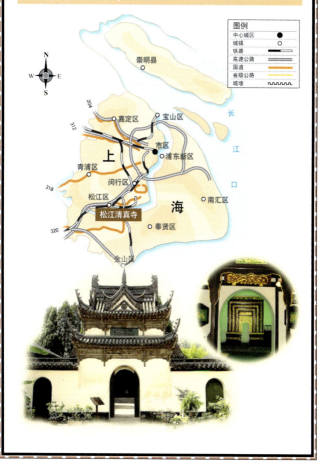

图例
中心城区
城镇
铁路
高速公路
国道
省级公路
城墙

崇明县
长
嘉定区　宝山区
市区　浦东新区
上
青浦区
闵行区
海
松江区　南汇区
松江清真寺
奉贤区
金山区
江
口
204
312
318
320
N W E S

上海著名清真寺分布
SHANGHAI

上海市简称"沪",面积约6340平方公里,居中国全部34省级行政区划排名第32位,人口1360万,居第26位。辖19个区县,共有213个乡镇区划,市府位于黄浦区人民大道200号。国家级重点文物保护单位19处。

沪西清真寺

位于上海市常德路1328弄4号,原名小沙渡回教堂,又名药水弄清真寺,俗称老寺。1914年在小沙渡(今西康路)初建,为临时礼拜场所。1921年在现址租地0.8亩新建。沪西清真寺 由双心拱门扇形穹隆圆顶的二层礼拜殿的主体建筑与回廊辅助建筑相衔接。

上海位置与距离参考图

崇明

宝山

嘉定
上海市
浦东新区

青浦

闵行

松江
52
南汇

奉贤

金山

上海市一中心城区

嘉定区

青浦区

淀山湖

松江区

黄浦江

金山区

中心城区
黄浦区、卢湾区、徐汇区、长宁区、静安区、普陀区、闸北区、虹口区、杨浦区

开斋节

伊斯兰教历10月1日

又称"肉孜"节(波斯语音译),意为"宴成"。教法规定,教历9月斋戒一月,斋月最后一天寻觅新月,见月的次日开斋。为开斋节,并举行会礼和庆祝活动。

宰牲节

伊斯兰教历12月10日

又称"古尔邦"节,即朝觐者在麦加活动的最后一天。每逢这一节日,穆斯林沐浴盛装,到各清真寺举行会礼,互相拜会,宰牛、羊、骆驼,除了自食以外,互相馈赠,或送给清真寺。

位 置 图 (LOCATOR MAP)

上海著名清真寺

① 沪西清真寺(常德路 1328 弄 4 号)
② 小桃园清真寺(小桃园街 52 号)
③ 草鞋湾清真寺(小南门外草鞋湾街 70 号)
④ 福佑路清真寺(福佑路 378 号)
⑤ 浦东清真寺(浦东大道吴家厅 16 号)
⑥ 景星路清真寺(杨浦区)
⑦ 松江清真寺(松江区)

小桃园清真寺

位于上海市小桃园街 52 号, 旧称西城回教堂, 俗称 "西寺"。始建于 1917 年, 1925 年重建。小桃园清真寺是西亚伊斯兰建筑风格的寺院, 为长方形庭院。庭院西侧是礼拜大殿, 面积约 500 平方米, 可容近 500 人同时礼拜。大殿为上下两层, 上层为二殿, 大殿顶部是用石子浇灌的平台, 在正中央大圆拱顶上有望月亭一座, 平台四角有四座阿拉伯式拱形圆顶, 西南、西北角各有石方台一块。庭院东侧有厅堂结构的三层楼房一幢, 二三层是图书室、阅览室, 底层为讲经厅堂。庭院北侧尽头为教长室、会客厅以及水房等。

草鞋湾清真寺

位于上海市小南门外草鞋湾街 70 号, 俗称南寺。始建于 1852 年, 是上海城区穆斯林兴建的第一座清真寺。寺门临街, 大门前设一排木栅栏, 入内是笔直通道, 穿过月洞门, 为石板铺地的庭院。庭院东侧为礼拜大殿, 坐西朝东, 拾级而上, 正西是拱形窑殿, 内有 "米哈拉布" (即凹壁) 和两边的小窗门。庭院西侧是讲经堂, 礼拜大殿南侧有水房和亡人间, 后面有古井一眼。

圣纪（圣忌）

伊斯兰教历 3 月 12 日

圣纪是穆罕默德的诞生日。圣忌是穆罕默德的逝世日。相传穆罕默德诞生于公元 571 年 4 月 20 日(教历 3 月 12 日), 逝世于公元 632 年的 4 月 20 日。

登霄节

伊斯兰教历 7 月 17 日

传说穆罕默德 52 岁时, 在教历 7 月 17 日的夜晚, 由天使前来勾来随同, 从金加到天路瞬瞬冷, 又从那里 "登青" 走游七重天。见到了古战先知和天国、火狱等。黎明时返回盖加。

盖得尔夜

伊斯兰教历 9 月 27 日

也称 "平安之夜"。传说安拉于该夜通过祖布勒伊莱天使开始颁降《古兰经》。据《古兰经》载, 该夜作一善功胜过平时一千个月的善功。

华东
126

扬州仙鹤寺
XIANHESI MOSQUE

江苏省重点文物保护单位

位置图

华东地区 江苏省

概况 位于江苏省扬州市解放南路17号，又名清白流芳礼拜寺，始建于1275年，是先知穆罕默德十六世裔孙普哈丁创建。该寺为与广州怀圣寺、泉州麒麟寺、杭州凤凰寺齐名的中国沿海地区的四大清真寺之一。

导游 全寺占地共2.3亩，建筑面积为740平方米。整个清真寺分为三部分：第一部分为墓域，内有普哈丁墓及其他阿拉伯人的墓碑；第二部分为清真寺，是教徒们做礼拜的活动场所；第三部分为东郊公园。整体建筑是阿拉伯式和中国民族式建筑的有机结合。普哈丁墓瞻仰者很多，墓亭为阿拉伯制式。正门临河，门额刻石为"西域先贤普哈丁之墓"。墓葬于亭中央地下，地面用青石砌成五级矩形墓塔。

资料 据传普哈丁是伊斯兰教创始人穆罕默德的第十六世裔孙。他于宋朝咸淳年间（1265—1274年）来扬州传教，前后在扬州生活了十年。1275年7月死后按照普哈丁的遗愿将他安葬在此。

华东地区著名清真寺分布图

❶ 松江清真寺
❷ 扬州仙鹤寺
❸ 宁波清真寺

江苏

上海

浙江

伊斯兰教三大圣地 TOP3 MOSLEM LAND

麦加 [禁寺] MECCA

麦地那 [先知寺] MEDINA

耶路撒冷 [远寺] JERUSALE

旅游指南(TOUR GUIDE)

地　　址：中国江苏省扬州市
邮　　编：225002
电　　话：86-0514-7325601（旅游咨询）
开放时间：全天

旅游交通信息（TOUR INFO）

航空机场：南京禄口机场
铁路车站：
公　　路：国道328，
　　　　　高速公路京沪、南京至南通
水路码头：

江苏省

导游图（TOUR MAP）

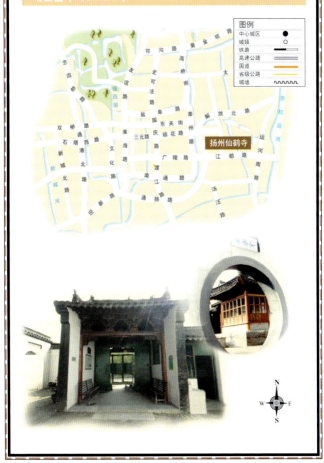

图例
中心城区
城镇
铁路
高速公路
国道
省级公路
城墙

扬州仙鹤寺

N
W　E
S

江苏著名清真寺分布
JIANGSU

位置图 (LOCATOR MAP)

江苏省简称"苏",面积约10万平方公里,居中国全部34省级行政区划排名第24位,人口7253万,居第5位。辖13个地市,106个县级区划,1388个乡镇区划,省会南京市。国家级重点文物保护单位119处。

徐州市

宿迁市

南京市净觉寺

位于南京市升州路28号,又名三山街礼拜寺。始建于明洪武年间(1368—1399年),为敕建清真寺。现寺建筑总面积1650平方米,寺门临街南开,门内迎面为新建复原明代牌坊。院内分两进,最前为望月楼,稍后两侧为南北讲堂各三间。后进中央是正厅,厅后为大殿,二者以廊相连,礼拜大殿为中国宫殿式,建筑面积348.7平方米,同时可容400余人礼拜。

江苏位置与距离参考图

省会:南京

盐城市清真寺

开斋节
伊斯兰教历10月1日
又称"肉孜"节(波斯语音译,意为斋戒")。教法规定,教历9月斋戒一月,于斋月最后一天寻看新月,见月的次日开斋,即为开斋节,开举行会礼和庆祝活动。

宰牲节
伊斯兰教历12月10日
又称"古尔邦"节,即朝觐者在麦加活动的最后一天,每逢这一节日,穆斯林沐浴盛装,到各清真寺举行会礼,互相拜会,宰牛、羊、骆驼,除了自食以外,互相馈赠,或送给清真寺。

淮安王营清真寺

江苏著名清真寺

❶ 草桥清真寺(南京市)
❷ 汉西门清真寺(南京市)
❸ 江宁清真寺(南京市)
❹ 净觉寺(南京市)
❺ 六合县清真寺(南京市)
❻ 太平路清真寺(南京市)
❼ 常州清真寺(常州市)
❽ 王营清真寺(淮安)
❾ 南通清真寺(南通市)
❿ 太平坊清真寺(苏州市)
⓫ 大兴清真寺(宿迁市)
⓬ 无锡市清真寺(无锡市)
⓭ 建国路清真寺(徐州市)
⓮ 盐城市清真寺(盐城市)
⓯ 凌塘清真寺(扬州高邮市)
⓰ 仙鹤寺(扬州市)
⓱ 仪征市古清真寺(仪征市)
⓲ 丹阳县清真寺(镇江市)
⓳ 句容县清真寺(镇江市)
⓴ 镇江城西清真寺(镇江市)

镇江城西清真寺

位于镇江市清真寺街84号,又称山巷清真寺。始建年代不详,现存建筑规模为清光绪二十八年(1902年)扩建。该寺占地约3.5亩,建筑总面积1600平方米。建筑风格融中国古典建筑与阿拉伯艺术风格为一体。

盐城市清真寺

位于盐城市东风路144号。始建于明永乐年间(1403—1424年),由穆斯林集资兴建草房三间。清康熙五十九年(1720年)扩建。日军占领盐城时被毁。1983年修复大殿,重建了讲堂、藏经室和水房。

圣纪(圣忌)

伊斯兰教历3月12日

圣纪是穆罕默德的诞生日,圣忌是穆罕默德的逝世日。相传穆罕默德诞生于公元571年4月20日(教历3月12日),逝世于公元632年的4月20日。

登霄节

伊斯兰教历7月17日

传说穆罕默德52岁时,在教历7月17日的夜晚,由天使哲布勒伊来陪同,从麦加到耶路撒冷,又从那里"登宵",直游七重天,见到了古代先知和天国,火狱等。黎明时返回麦加。

盖得尔夜

伊斯兰教历9月27日

也称"平安之夜",传说安拉于该夜通过哲布勒伊来天使开始颁降《古兰经》,据《古兰经》载,该夜作一件善功胜过平时一千个月的善功。

宁波清真寺
NINGBO MOSQUE

宁波市重点文物保护单位

位置图

华东地区 浙江省

概况 位于浙江省宁波市海曙区月湖西后营巷 18 号。始建于宋咸平年间（998—1003年），当时是在罗城东南的狮子桥旁边。元至元年间（1264—1294 年），迁建至海运公所以南的冲虚观前，现存的清真寺是清代康熙三十八年（1699年）在现址重建。宁波清真寺是浙东地区唯一的伊斯兰教寺院，宁波市民族联络委员会设在寺内，现为宁波市文物保护单位。

导游 宁波清真寺坐西朝东，全寺占地面积约 1.2 亩，建筑布局现呈长方形，以中轴线和对称布局为主。主要建筑由头门、二门、宣礼楼、望月楼、浴室、照壁、礼拜殿及两侧厢房组成，以礼拜殿尤为雄伟。大殿为三开间木结构单檐硬山顶。殿内采用阿拉伯文字装饰，尚保存阿拉伯文匾额等文物，有重要历史价值。

资料 自宋代以来，随着宁波港的对外开放，很多阿拉伯人、波斯人到宁波从事通商贸易和文化交流，一部分人在宁波定居，同时把他们信仰的伊斯兰教传入宁波。宁波清真寺是宁波在唐宋时期对外开放、"海上丝绸之路"的历史见证之一。

华东地区著名清真寺分布图

❶ 松江清真寺
❷ 扬州仙鹤寺
❸ 宁波清真寺

江苏

❷

上海

❸

浙江

伊斯兰教三大圣地 TOP3 MOSLEM LAND

麦加 [禁寺] MECCA

麦地那 [先知寺] MEDINA

耶路撒冷 [远寺] JERUSALEM

旅游指南(TOUR GUIDE)

地　　址：中国浙江省宁波市
邮　　编：315000
电　　话：86-0574-87291299（旅游咨询）
开放时间：全天

浙江省

杭州

旅游交通信息（TOUR INFO）

航空机场：宁波栎社机场
铁路车站：宁波火车站
公　　路：国道329，
　　　　　高速公路沪杭甬、同三
水路码头：宁波港

导游图（TOUR MAP）

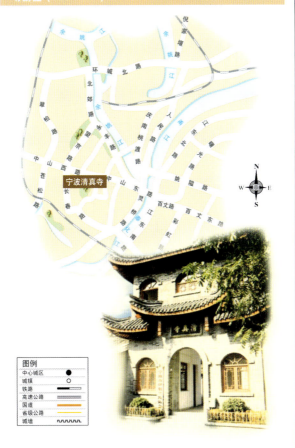

宁波清真寺

N
W E
S

图例

中心城区	●
城镇	○
铁路	
高速公路	
国道	
省级公路	
城墙	

浙江著名清真寺分布
ZHEJIANG

浙江省简称"浙",面积约10万平方公里,居中国全部34个省级行政区划排名第25位,人口4602万,居第11位。辖11个地市,90个县级区划,1519个乡镇区划,省会杭州市。国家级重点文物保护单位130处。

丽水清真寺
位于丽水市中心的小巷。据记载建于光绪十二年(1886年)。清朝中期,有马、袁两姓回民从陕西迁到丽水,当时的丽水知县是云南回民,于是就在当时衙门的对面修建了清真寺。现清真寺占地近3亩。

义乌清真寺
位于义乌市江滨西路90号。占地约20亩,礼拜大殿面积3000平方米。义乌历史上并无伊斯兰教,随着义乌中国小商品市场的形成和扩大,来义乌经商的国内和国外穆斯林日渐增多。2000年在宾王路新疆民族饭店和稠州路红楼宾馆设立两个临时礼拜点;2001年在红楼宾馆设立伊斯兰教临时活动场所;2002年迁至南门街;2004年8月搬至现址。

湖州市

杭州市

金华市

衢州市

丽水市

开斋节
伊斯兰教历10月1日
又称"肉孜"节(波斯语音译,意为"斋戒")。教法规定,教历9月斋戒一月,斋月最后一天寻看新月,见月的次日开斋,即为开斋节,并举行会礼和庆祝活动。

宰牲节
伊斯兰教历12月10日
即朝觐者在麦加活动的最后一天。每逢这一节日,穆斯林沐浴盛装,到各清真寺举行会礼,互相拜会,宰牛、羊、骆驼,除了自食以外,互相馈赠,或送给清真寺。

浙江著名清真寺

1. 凤凰寺(杭州市中山路)
2. 宁波清真寺(宁波市后营巷18号)
3. 嘉兴清真寺(嘉兴市区坏城东路)
4. 义乌清真大寺(金华义乌市)
5. 丽水清真寺(丽水市)
6. 衢州清真寺(衢州市)
7. 温州清真寺(温州市)
8. 柯桥清真寺(绍兴市)

嘉兴清真寺

位于嘉兴市区环城东路。始建于明万历三十年。清乾隆年间曾进行过几次扩建。该寺占地3000平方米，坐西朝东，建筑格局和形制仍保留了伊斯兰"五门一照"的风格。寺门门楼上书"真哉唯清"四字，进门为讲堂，堂南为礼拜堂。堂内设明拜楼、窑子等。寺门左侧为水房，寺南首为清真女学。

浙江位置与距离参考图

省会：杭州

圣纪（圣忌）
伊斯兰教历3月12日
圣纪是穆罕默德的诞生日，圣忌是穆罕默德的逝世日。相传穆罕默德诞生于公元571年4月20日(教历3月12日)，逝世于公元632年的4月20日。

登霄节
伊斯兰教历7月17日
传说穆罕默德52岁时，在教历7月17日的夜晚，由天使智布勒伊来陪同，从麦加到耶路撒冷，又从那里"登霄"，游浏七重天。见到了古代先知和天国、火狱等。黎明时返回麦加。

盖得尔夜
伊斯兰教历9月27日
也称"平安之夜"。传说安拉于该夜通过哲布勒伊来天使开始颁降《古兰经》，据《古兰经》载，该夜作一件善功胜过平时一千个月的善功。

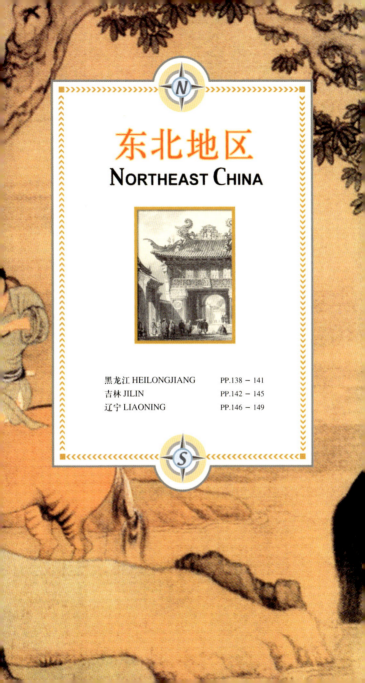

东北地区

NORTHEAST CHINA

东北清真寺分布
NORTHEAST CHINA

东北指中国长城山海关外3个省级行政区划地域，黑龙江省简称黑，省会哈尔滨；吉林省简称吉，省会长春；辽宁省简称辽，省会沈阳。东北地区总面积约79万平方公里，占中国8%的国土总面积。辽河与松花江水系为东北主要河流。

卜奎清真寺
位于黑龙江省齐齐哈尔市建华区礼貌胡同1号。始建于清康熙二十三年（1684年），因齐齐哈尔旧称卜奎，故称卜奎清真寺。该寺现为全国重点文物保护单位。

吉林清真北寺
位于吉林省吉林市北山东峰脚下，致和门立交桥西侧。始建于清乾隆二十五年（1760年）。其建筑整洁典雅，富丽堂皇。

沈阳清真南寺

位于辽宁省沈阳市沈河区小西路南清真路23号，这里是沈阳市回民聚居地。该寺始建于清朝顺治末年（约1660年），是沈阳地区最大的伊斯兰教礼拜寺，沈阳市穆斯林集中活动的主要宗教场所。

东北位置与距离参考图

（距离单位：公里）

卜奎清真寺

BUKUI MOSQUE

全国重点文物保护单位（2006 年）

位置图

东北地区 黑龙江省

概况 位于黑龙江省齐齐哈尔市建华区礼貌胡同 1 号。始建于清康熙二十三年（1684年），原称清真东寺和清真西寺。两寺并立，仅一墙之隔，且有门廊相通，既是一组完整的古建筑群，又可彼此单独成立，因齐齐哈尔旧称卜奎，故合称卜奎清真寺。该寺现为全国重点文物保护单位。

导游 东西两寺共占地面积 7.2 亩，总建筑面积 1997.76 平方米。两寺的格局大体相同，其中东寺礼拜殿面积为 366 平方米，对厅 73 平方米，西寺礼拜殿面积 191 平方米，西寺对厅 57 平方米。 两寺的不同之处仅在窑殿，西寺窑殿为两层，东寺窑殿为三层方式砖塔。

资料 康熙二十三年（1684年）， 由山东、齐齐哈尔八旗的回族穆斯林集资修建了三间草房清真寺，即为现在的东寺。光绪十九年（1893年），扩建了礼拜殿。咸丰二年（1852年），被清政府发配到卜奎的甘肃十几户回族穆斯林，因其教规礼仪与东寺有所不同，于是集资于东寺西邻另建一清真寺，自称清真西寺。

东北地区著名清真寺分布图

❶ 卜奎清真寺
❷ 吉林清真北寺
❸ 沈阳清真南寺

黑龙江

吉林

辽宁

1 伊斯兰教三大圣地 TOP3 MOSLEM LAND

麦加 [禁寺] MECCA

麦地那 [先知寺] MEDINA

耶路撒冷 [远寺] JERUSALEM

旅游指南(TOUR GUIDE)

地　　址：中国黑龙江省齐齐哈尔市
邮　　编：161005
电　　话：86-0452-2719697（旅游咨询）
开放时间：全天

旅游交通信息（TOUR INFO）

航空机场：齐齐哈尔三家子机场、哈尔滨太平机场
铁路车站：齐齐哈尔火车站
公　　路：国道111、301
水路码头：

导游图（TOUR MAP）

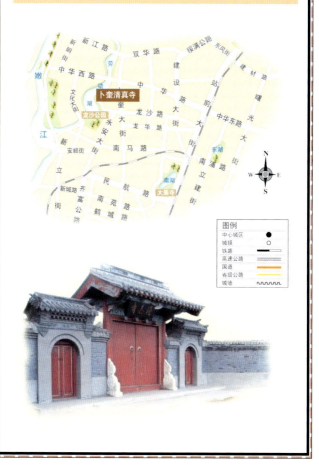

黑龙江著名清真寺分布

HEILONGJIANG

位置图 (LOCATOR MAP)

黑龙江省简称"黑",面积约46万平方公里,居中国全部34省级行政区划排名第7位,人口3768万,居第16位。辖13个地市,128个县级区划,1270个乡镇区划,省会哈尔滨市。国家级重点文物保护单位28处。

哈尔滨道外清真寺

位于哈尔滨市道外区靖宇南十三道街44号,原称哈尔滨清真东寺,旧称滨江清真寺。始建于光绪二十三年(1897年)。道外清真寺为阿拉伯式典型建筑。礼拜堂面积为426平方米,高度为13米,可供五六百人作礼拜。殿顶上有5个隆起的蓝绿色圆顶,一大四小,竖有月牙。该殿是黑龙江省规模最大的礼拜殿之一。

黑龙江位置与距离参考图

省会:哈尔滨

大兴安岭

黑河市

齐齐哈尔市

绥化市

大庆市

哈尔滨市

N
W E
S

开斋节

伊斯兰教历10月1日

又称"肉孜"节(波斯语音译,意为"燕成"),教法规定,教历9月为戒一月,月末最后一天开始斋戒。见月的次日开斋。即为开斋节,并举行会礼和庆祝活动。

宰牲节

伊斯兰教历12月10日

又称"古尔邦"节,即朝觐者在麦加活动的最后一天。每逢这一节日,穆斯林沐浴盛装,到各清真寺举行会礼。互相拜会。宰牛、羊、骆驼,除了自食以外,互相馈赠,或送给清真寺。

哈尔滨香坊清真寺

位于哈尔滨市香坊区单井街 12 号。始建于1905年，现占地面积约2.4亩，建筑面积200多平方米。

黑河清真寺

位于中国最北的城市——黑河市，因此又称为"中国最北的清真寺"。始建于清朝乾隆年间，和回族迁入黑河的历史同步。现占地面积为13.5 由，建筑面积为1000 平方米，由大殿、讲堂、沐浴室等组成。礼拜大殿建筑面积为600平方米，为中俄合璧建筑风格，全为木结构，无一铁钉，无支柱。该寺现为黑龙江省文物保护单位。

- 伊春市
- 鹤岗市
- 佳木斯市
- 双鸭山市
- 七台河市
- 鸡西市
- 牡丹江市

兴凯湖

黑龙江著名清真寺
❶ 香坊清真寺(哈尔滨市)
❷ 依兰清真寺(哈尔滨市)
❸ 鞑靼清真寺(哈尔滨市)
❹ 太平桥清真寺(哈尔滨市)
❺ 阿城清真寺(哈尔滨市)
❻ 呼兰清真寺(哈尔滨市)
❼ 双城清真寺(哈尔滨双城市)
❽ 巴彦县清真寺(哈尔滨市)
❾ 拉林清真寺(哈尔滨五常市)
❿ 卜奎清真寺(齐齐哈尔市)
⓫ 昂昂溪清真寺(齐齐哈尔市)
⓬ 富拉尔基清真寺(齐齐哈尔市)
⓭ 碾子山清真寺(齐齐哈尔市)
⓮ 泰来清真寺(齐齐哈尔市)
⓯ 拜泉县清真寺(齐齐哈尔市)
⓰ 克山清真寺(齐齐哈尔市)
⓱ 富裕清真寺(齐齐哈尔市)
⓲ 龙江清真寺(齐齐哈尔市龙江县)
⓳ 龙头清真寺(齐齐哈尔市龙江县)
⓴ 纳河镇清真寺(齐齐哈尔市)
㉑ 鹤岗清真寺(鹤岗市工农区)
㉒ 黑河清真寺(黑河市)
㉓ 德都清真寺(五大连池市)
㉔ 宁安清真寺(牡丹江市宁安县)
㉕ 穆棱清真寺(牡丹江市穆棱县)
㉖ 渤海清真寺(牡丹江市宁安县)
㉗ 林口县清真寺(牡丹江市)
㉘ 七台河清真寺(七台河市)
㉙ 金山清真寺(大兴安岭呼玛县)
㉚ 鸡冠清真寺(鸡西市鸡冠区)
㉛ 滴道区清真寺(鸡西市滴道区)
㉜ 恒山区清真寺(鸡西市恒山区)
㉝ 密山清真寺(鸡西市密山市)
㉞ 桦商清真寺(佳木斯市桦南县)
㉟ 佳木斯清真寺(佳木斯市)
㊱ 富锦清真寺(佳木斯市富锦市)
㊲ 绥化清真寺(绥化市)
㊳ 兰西县清真寺(绥化市兰西县)
㊴ 青冈县清真寺(绥化市青冈县)
㊵ 肇东清真寺(绥化肇东市)
㊶ 伊春清真寺(伊春市)
㊷ 铁力林业公司清真寺(伊春市铁力市)
㊸ 大庆清真寺(大庆市萨尔图区)
㊹ 林甸清真寺(大庆市林甸县)
㊺ 杜尔泊特清真寺(大庆市)
㊻ 宝清县清真寺(双鸭山市宝清县)

圣纪 (圣忌)
伊斯兰教历3月12日

圣纪是穆罕默德的诞生日，圣忌是穆罕默德的逝世日，相传穆罕默德诞生于公元571年4月20日(教历3月12日)，逝世于公元632年的4月20日。

登霄节
伊斯兰教历7月17日

传说穆罕默德52岁时，在教历7月17日的夜晚，由天使哲布勒伊来陪同，从麦加到耶路撒冷，又从那里"登霄"，遨游七重天，见到了古代先知和天园、火狱等，黎明时返回麦加。

盖得尔夜
伊斯兰教历9月27日

也称"平安之夜"。传说安拉于该夜通过哲布勒伊来天使开始颁降《古兰经》，据《古兰经》载，该夜作一件善功胜过平时一千个月的善功。

吉林清真北寺

JILIN MOSQUE

吉林省重点文物保护单位

位置图

东北地区 吉林省

概况 位于吉林省吉林市北山东峰脚下,致和门立交桥西侧。始建于清乾隆二十五年(1760年),初为草房三间,建在回民集中居住区致和门外;乾隆四十年(1775年)改建成砖木结构的大殿三间。道光十七年(1837年)扩建大殿为六间;光绪二十四年(1898年),重建大殿13间,净水堂5间;1922年续建;1929年又在寺后西侧另建女寺;1993年因修致和门立交桥迁址于此。

导游 清真北寺是阿拉伯式建筑,整洁典雅,富丽堂皇。寺门有光绪二十六年(1900年)回民及第进士沙蕴琛书写的"怀清守真"匾额一方。礼拜大殿门侧立一木刻字牌,是从北京牛街清真寺抄录复制的康熙三十三年(1694年)六月康熙皇帝的圣谕。殿里铺地毯,中堂悬挂着巨幅伊斯兰教经文。每逢尔代节、吉尔邦节、圣祭节,穆斯林都来此聚礼。

资料 吉林先后建有三座清真寺:雍正二年(1724年)建清真东寺; 乾隆二十八年(1763年)建清真西寺;乾隆二十五年(1760年)建清真北寺。其中北寺规模最大。

东北地区著名清真寺分布图

❶ 卜奎清真寺
❷ 吉林清真北寺
❸ 沈阳清真南寺

黑龙江

吉林

辽宁

伊斯兰教三大圣地 TOP3 MOSLEM LAND

麦加 [禁寺] MECCA

麦地那 [先知寺] MEDINA

耶路撒冷 [远寺] JERUSALEM

旅游指南(TOUR GUIDE)

地　　址: 中国吉林省吉林市
邮　　编: 132001
电　　话: 86-0432-4877568（旅游咨询）
开放时间: 全天

旅游交通信息（TOUR INFO）

航空机场: 吉林机场
铁路车站: 吉林火车站
公路口岸: 国道202, 302,
　　　　　高速公路珲长
水路码头:

吉林省

导游图（TOUR MAP）

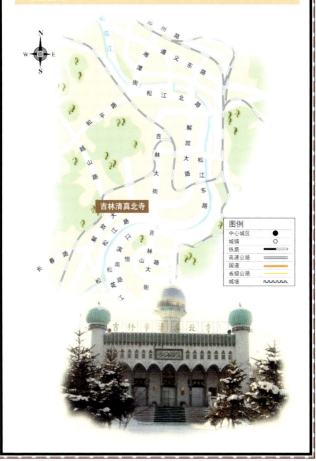

吉林清真北寺

图例
中心城区 ●
城镇 ○
铁路
高速公路
国道
省级公路
城墙

吉林著名清真寺分布

JILIN

吉林省简称"吉"，面积约19万平方公里，居中国
全部34省级行政区划排名第13位，人口2669万，
居第21位。辖9个地市，60个县级区划，887个
乡镇区划，省会长春市。国家级重点文物保护单位
33处。

位置图 (LOCATOR MAP)

白山市八道江清真寺

位于白山市八道江区，始建于1915
年。该寺占地面积0.54亩，全寺总
建筑面积160平方米，礼拜大殿40
平方米，清真寺的门楼顶部有下大
上小两圆球，球上竖有清真寺的弯
月标志。

开斋节

伊斯兰教历10月1日

又称"肉孜"节（波斯语音译，意为
"斋戒"）。教法规定，教历9月斋
戒一月，斋月最后一天开斋新月，见
月的次日开斋。为开斋节，并举行
会礼和庆祝活动。

宰牲节

伊斯兰教历12月10日

又称"古尔邦"节，即朝觐者在麦加活动的最后一天。每
逢这一节日，穆斯林沐浴盛装，到各清真寺举行会礼，互
相拜会。宰牛、羊、骆驼，除了自食以外，互相馈赠，或
送给清真寺。

吉林市西清真寺

延边

N
W E
S

吉林著名清真寺

1 农安县清真寺(长春市)
2 德惠市清真寺(长春市)
3 清真北寺(吉林市)
4 清真西寺(吉林市)
5 清真东寺(吉林市)
6 拱北清真寺(吉林市)
7 溪河清真寺(吉林市)
8 舒兰市城北清真寺(吉林市)
9 晓光清真寺(吉林市)
10 虎牛村清真寺(吉林市)
11 岔路河清真寺(吉林市)
12 烟筒山清真寺(吉林磐石市)
13 桦甸市清真寺(吉林桦甸市)
14 乌拉街清真寺(吉林市)
15 蛟河清真寺(吉林蛟河市)
16 四平市清真寺(四平市)
17 双辽市清真寺(四平市)
18 叶赫镇清真寺(四平市)
19 公主岭清真寺(四平市)
20 辽源市清真寺(辽源市)
21 那丹伯清真寺(辽源市)
22 柳河县清真寺(通化市)
23 东通化街清真寺(通化市)
24 梅河口市清真寺(通化市)
25 集安市清真寺(通化市)
26 八道江清真寺(白山市)
27 靖宇镇清真寺(白山市)
28 团结街清真寺(松原市)
29 长岭县清真寺(松原市)
30 乾安县清真寺(松原市)
31 洮北区清真寺(白城市)
32 洮南市清真寺(白城市)
33 大安市清真寺(白城市)
34 通榆县清真寺(白城市)
35 延吉市清真寺(延吉市)
36 敦化市清真寺(延吉市)
37 图们市清真寺(延吉市)
38 珲春市清真寺(延吉市)
39 和龙市清真寺(延吉市)
40 龙井市清真寺(延吉市)

蜂蜜营清真寺

位于长春市胡家回族乡回族聚居的蜂蜜村,始建于清朝康熙年间。据考证该寺是吉林最早的清真寺。清宣统元年(1909年)涨大水,清真寺被洪水淹没,后来重新扩建了现在这处清真寺。该清真寺为中国传统的砖木结构,礼拜堂坐东向西,可容纳400人做礼拜。该寺现为县级重点文物保护单位。

圣纪(圣忌)
伊斯兰教历3月12日
圣纪是穆罕默德的诞生日,圣忌是穆罕默德的逝世日。相传穆罕默德诞生于公元571年4月20日(教历3月12日)、逝世于公元632年的4月20日。

登霄节
伊斯兰教历7月17日
传说穆罕默德52岁时,在教历7月17日的夜晚,由天使骑布勒伊莱陪同,从麦加到耶路撒冷,又从那里"登霄",遍游七重天,见到了古代先知和天国,火狱等,黎明时返回麦加。

盖得尔夜
伊斯兰教历9月27日
也称"平安之夜"。传说安拉于该夜通过此布勒伊莱天使开始颁降《古兰经》,据《古兰经》载,该夜作一件善功胜过平时一千个月的着功。

五
大
节
日

沈阳清真南寺
SHENYANG MOSQUE

沈阳市重点文物保护单位

位置图

东北地区 辽宁省

概况 位于辽宁省沈阳市沈河区小西路南清真路23号，这里是沈阳市回民聚居地。其近亦有北寺、东寺。该寺始建于清朝顺治末年（约1660年），初建时规模不大，自清乾隆二十年（1755年）以来，经过十多次翻修扩建，始具今日规模。清真南寺是沈阳地区最大的伊斯兰教礼拜寺，是沈阳市穆斯林集中活动的主要宗教场所，现为沈阳市文物保护单位。

导游 清真南寺占地近10亩，总建筑面积达1500多平方米。寺坐西朝东，以礼拜大殿为中心，分里院、外院、前院、后院、南跨院五部分。外院南北两侧有寺管委和回民服务站；里院南北两侧有教长室、讲经堂和省市伊斯兰教协会办公室，正西为礼拜殿、望月楼；后院北侧建有两层楼房，一层为沐浴室，二层为大会议室，冬季力礼拜暖殿；南跨院有女礼拜寺、女沐浴室等。望月楼是寺内建筑最高处，楼高约30余米，上下三层，高13米，呈六角形，顶端悬新月。礼拜大殿面积500多平方米，可容800人礼拜。建筑考究，结构严整。殿前的院内有两株约200年的梧桐树。

东北地区著名清真寺分布图
❶ 卜奎清真寺
❷ 吉林清真北寺
❸ 沈阳清真南寺

伊斯兰教三大圣地 TOP3 MOSLEM LAND

麦加 [禁寺] MECCA　麦地那 [先知寺] MEDINA　耶路撒冷 [远寺] JERUSALEM

旅游指南(TOUR GUIDE)

地　　址：中国辽宁省沈阳市
邮　　编：110013
电　　话：86-024-22856440（旅游咨询）
开放时间：全天

辽宁省

旅游交通信息（TOUR INFO）

航空机场：沈阳桃仙机场
铁路车站：沈阳火车站
公　　路：国道101、102、202、203、304、
　　　　　高速公路同三（沈大）、丹拉（京沈）、沈丹
水路码头：

导游图（TOUR MAP）

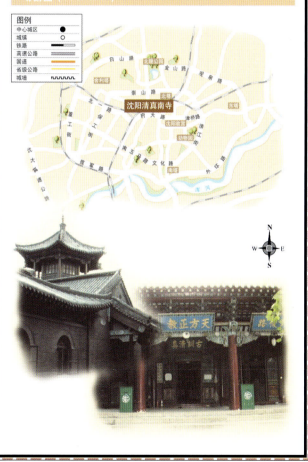

图例
中心城区　●
城镇　　　○
铁路
高速公路
国道
省级公路
城墙

沈阳清真南寺

辽宁著名清真寺分布
LIAONING

位置图 (LOCATOR MAP)

辽宁省简称"辽",面积约15万平方公里,居中国全部34省级行政区划排名第21位,人口4189万,居第14位。辖14个地市,100个县级区划,1522个乡镇区划,省会沈阳市。国家级重点文物保护单位52处。

大连市清真寺

位于大连市北京街96号,始建于1922年。现为三层建筑,四角各有一座高大的顶塔。外观主要用白、绿两色瓷砖贴面,造型美观,具有浓郁而典雅的伊斯兰特色。该寺占地面积1.8亩,门厅的顶部中间是绿色的大圆顶,圆顶上端装饰有月牙,两侧另有两个小圆顶陪衬。

阜新市

朝阳市

锦州市

盘锦市

葫芦岛市

营口市

辽 东 湾

大连市

辽宁位置与距离参考图

省会:沈阳

新民清真寺

位于沈阳新民市南乡,始建于清乾隆三十年(1765年),是当地的回族集资所建。全寺建筑总面积2763平方米。大殿建筑面积240平方米,殿后有望月楼,院内有南北讲堂。

开斋节

伊斯兰教历10月1日

又称"肉孜"节(波斯语音译,意为"斋戒"。教历规定,教历9月斋戒一月 斋月满一天寻找新月,见月的次日开斋,即为开斋节,并举行会礼和庆祝活动。

宰牲节

伊斯兰教历12月10日

又称"古尔邦",即朝觐者在麦加活动的最后一天,每逢这一节日,穆斯林沐浴盛装,到各清真寺举行会礼,互相拜会,宰牛、羊、骆驼,除了自食以外,互相馈赠,或送给清真寺。

锦州市清真寺

位于锦州市天安里10号。前身是著名的锦州老清真寺。老寺始建于明嘉靖二年（1523年），明宣德三年（1428年）迁址重建。1983年再次迁至现址新建。新建的清真寺占地面积为1.4亩，建筑面积为473平方米。主体建筑礼拜大殿为伊斯兰教建筑风格。

辽宁著名清真寺

❶ 清真南寺(沈阳市沈河区)
❷ 清真南寺——女寺(沈阳市沈河区)
❸ 皇姑清真寺(沈阳市皇姑区)
❹ 铁西清真寺(沈阳市铁西区)
❺ 新民清真南寺(沈阳新民市)
❻ 新民清真北寺(沈阳新民市)
❼ 小桑林子清真寺(沈阳市法库县)
❽ 大连市清真寺(大连市北京街)
❾ 回风泰清真寺(大连市)
❿ 青堆镇清真寺(大连瓦房店市)
⓫ 复州镇清真寺(大连瓦房店市)
⓬ 庄河市清真寺(大连庄河市)
⓭ 辽阳清真寺(辽阳武圣南路43号)
⓮ 刘仁堡清真寺(辽阳市)
⓯ 铁岭市清真寺(铁岭市银川区红旗街)
⓰ 西丰县清真寺(铁岭市西丰县远景街)
⓱ 荒地清真寺(铁岭开原市八棵树镇)
⓲ 营口市清真西寺(营口市清真寺里)
⓳ 大石桥市清真寺(营口大石桥市南街)
⓴ 鞍山市清真寺(鞍山市铁西区)
㉑ 海城市清真寺(鞍山海城市海州街)
㉒ 牛庄清真寺(鞍山海城市牛庄镇)
㉓ 台安县清真寺(鞍山市台安县)
㉔ 岫岩县清真寺(鞍山市岫岩县清真街)
㉕ 锦州市清真寺(锦州市天安里)
㉖ 北镇清真古寺(锦州北镇市广宁镇)
㉗ 稍户营清真真寺(锦州市义县)
㉘ 小柳清真寺(锦州市)
㉙ 阎阳镇清真寺(锦州北镇市闾阳乡)
㉚ 回民屯清真寺(锦州市黑山县胡家镇)
㉛ 半拉门清真寺(锦州市黑山县)
㉜ 溪湖清真寺(本溪市河西乡)
㉝ 丹东清真东寺(丹东市)
㉞ 凤城清真寺(丹东市凤城县振奋街)
㉟ 抚顺市清真寺(抚顺市)
㊱ 盘锦清真寺(盘锦市)
㊲ 田庄台清真寺(盘锦市大洼县)
㊳ 葫芦岛清真寺(葫芦岛市)
㊴ 高桥清真寺(葫芦岛市)
㊵ 凌源县清真寺(朝阳市)
㊶ 海州清真寺(阜新市)
㊷ 清河门清真寺(阜新市)
㊸ 阜新镇清真寺(阜新市)
㊹ 彰武县清真寺(阜新市)
㊺ 新邱清真寺(阜新市)
㊻ 孙家湾清真寺(阜新市)

新民清真寺

圣纪（圣忌）
伊斯兰教历3月12日
圣纪是穆罕默德的诞生日，圣忌是穆罕默德的逝世日。相传穆罕默德诞生于公元571年4月20日(教历3月12日)，逝世于公元632年的4月20日。

登霄节
伊斯兰教历7月17日
传说穆罕默德52岁时，在教历7月17日的夜晚，由天使哲布勒伊来陪同，从麦加到耶路撒冷，又从那里"登宵"，遨游七重天，见到了古代先知和天国、火狱等，黎明时返回麦加。

盖得尔夜
伊斯兰教历9月27日
也称"平安之夜"，传说安拉于该夜通过哲布勒伊来天使开始颁降《古兰经》。据《古兰经》载，该夜作一件善功胜过平时一千个月的善功。

五大节日

者精栗實集賞畫馬
分所百隨中竟之字
真偽何必晚年茫此技
应是自身不自言我曾
轉物乃知末飲北馬去
楊高紫伯時畫馬備
老勤波罗 瘀穆河之
論尚題

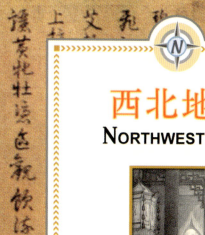

西北地区
Northwest China

西北
152

西北清真寺分布
NORTHWEST CHINA

西北指中国西部6个省级行政区划地域，陕西省简称陕，省会西安；甘肃省简称甘，省会兰州；宁夏回族自治区简称宁，首府银川；青海省简称青，省会西宁；新疆维吾尔自治区简称新，首府乌鲁木齐；西藏自治区简称藏，首府拉萨。华北地区总面积约433万平方公里，占中国45%国土面积。境内青藏高原拥有世界最高峰——珠穆朗玛峰。

拉萨清真寺
位于西藏自治区拉萨市旧城东南河坝林回族聚居区，始建于18世纪中叶。

纳家户清真寺
位于宁夏回族自治区银川市永宁县，始建于明嘉靖三年（1525年），因教民纳姓最多，故称纳家户清真寺。该寺是宁夏历史悠久、规模较大的清真寺之一，现为宁夏回族自治区重点文物保护单位。

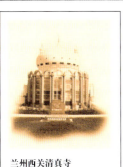

兰州西关清真寺
位于甘肃省兰州市临夏路西端,
是穆斯林客商所建,俗有"客寺"
之称。始建于明朝洪武或永乐年
间,1990年在原址重修。

西安大学习巷清真寺
位于陕西省西安市大学习巷,与化觉
巷清真寺东西遥遥相对。故又称西大
寺。该寺始建于唐中宗乙巳年(705
年),是西安最古老的清真寺之一,现
为陕西省文物保护单位。

西北位置与距离参考图

(距离单位:公里)

西安大学习巷清真寺

DAXUEXIXIANG MOSQUE

陕西省重点文物保护单位

位置图

西北地区 陕西省

概况 位于陕西省西安市大学习巷,建筑规模较大,仅次于东侧的化觉巷清真大寺,与化觉巷清真寺东西遥遥相对,故又称西大寺。该寺始建于唐中宗乙巳年(705年),赐名清教寺,玄宗朝改名唐明寺,及明洪武时赐名清真寺,元以后多次重修扩建。大学习巷清真寺是西安最古老的清真寺之一,现为陕西省文物保护单位。

导游 该寺占地9.1亩,总建筑面积2700平方米,由照壁、石坊、大门、三间庭、省心阁、南北厅、碑亭、阿訇斋、沐浴室、礼拜正殿等建筑群组成。寺内主要建筑之一的省心阁为四角形楼式建筑,三层三重檐,相传建于宋代,明朝郑和四下西洋回来后重修清真寺时复修。礼拜正殿面积约为600平方米,可容纳500多人同时礼拜。殿门首悬挂慈禧手书"派衍天方"的牌匾。殿内后中为窑殿。

资料 据该寺郑和碑记载,明永乐年间,该寺学教哈桑阿訇曾作为郑和船队成员兼翻译,同下西洋。

西北地区著名清真寺分布图

① 西安大学习巷清真寺
② 兰州西关清真寺
③ 纳家户清真寺
④ 洪水泉清真大寺
⑤ 苏公塔清真寺
⑥ 拉萨清真寺

伊斯兰教三大圣地 TOP3 MOSLEM LAND

麦加 [禁寺] MECCA

麦地那 [先知寺] MEDINA

耶路撒冷 [远寺] JERUSALE

旅游指南(TOUR GUIDE)

地　址：中国陕西省西安市
邮　编：710003
电　话：86-029-3295556（旅游咨询）
开放时间：全天

旅游交通信息（TOUR INFO）

航空机场：咸阳机场
铁路车站：西安火车站
公　路：国道108、210、211、310、312、
　　　　高速公路连霍、西安至榆林、汉中、洛南
水路码头：

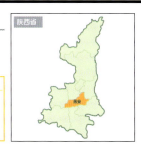

陕西省

西安

导游图（TOUR MAP）

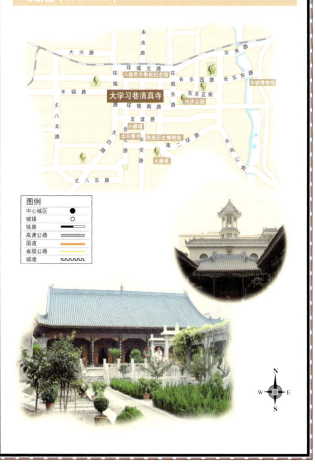

图例
中心城区 ●
城镇 ○
铁路
高速公路
国道
省级公路
城墙

N
W　E
S

陕西著名清真寺分布

SHAANXI

陕西省简称"陕"，面积约21万平方公里，居中国全部34省级行政区划排名第11位，人口3704万，居第17位。辖10个地市，107个县级区划，1745个乡镇区划，省会西安市。国家级重点文物保护单位138处。

西安小皮院清真寺

位于西安市中心的小皮院巷内，原名"真教寺"、"万寿寺"，又因其在化觉巷清真大寺以北，又称"北大寺"。兴建于唐末，是西安伊斯兰教最早建筑之一。并以为穆斯林培养出大批有成就的宗教学者而著称。该寺是一座具有中国传统宫殿建筑艺术形式的伊斯兰教寺院，占地面积5986平方米，总建筑面积2032平方米，分四进院落。

陕西位置与距离参考图

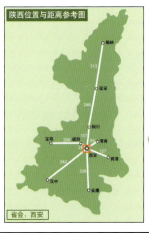

省会：西安

开斋节

伊斯兰教历10月1日

又称"肉孜"节（波斯语音译，意为"斋戒"），教法规定，教历9月斋戒一月，斋月最后一天的新月，见月的次日开斋，即为开斋节，并举行会礼和庆祝活动。

宰牲节

伊斯兰教历12月10日

又称"古尔邦"节，即朝觐者在麦加活动的最后一天，每逢这一节日，穆斯林沐浴盛装，到各清真寺举行会礼，互相拜会，宰牛、羊、骆驼，除了自食以外，互相馈赠，或送给清真寺。

群众路清真寺

位于宝鸡市区群众路北段东侧。建于1938年,现为两进式院落,第二进为清真寺主体建筑。礼拜堂建筑面积174平方米,为两坡砖木结构瓦房,正面为3大扇游动组合双开门,门窗都是全木雕饰而成。中门上部悬镂刻横书"礼拜堂"木匾,字以金粉饰就。

西安大学习巷清真寺

陕西著名清真寺

❶ 化觉巷清真大寺(西安市)
❷ 大学习巷清真寺(西安市)
❸ 小学习巷清真中寺(西安市)
❹ 小学习巷清真营里寺(西安市)
❺ 小皮院清真寺(西安市小皮院)
❻ 大皮院清真寺(西安市大皮院)
❼ 北广济街清真寺(西安市)
❽ 洒金桥清真西寺(西安市)
❾ 南城清真寺(西安市)
❿ 西仓清真寺(西安市)
⓫ 建国巷清真寺(西安市)
⓬ 北关清真新寺(西安市)
⓭ 新城区清真西寺(西安市)
⓮ 回民新村清真寺(西安市)
⓯ 郭家滩清真寺(西安市)
⓰ 东新街清真西寺(西安市)
⓱ 东城清真寺(西安市)
⓲ 道北清真寺(西安市)
⓳ 新西北清真寺(西安市)
⓴ 韩森寨清真寺(西安市)
㉑ 广济街清真小寺(西安市)
㉒ 红埠街清真新寺(西安市)
㉓ 群众路清真寺(宝鸡市)
㉔ 凤翔县清真寺(宝鸡市凤翔县)
㉕ 白石铺清真寺(宝鸡市凤县)
㉖ 安康清真寺(安康市箐子巷)
㉗ 安康清真静宁寺(安康市)
㉘ 石堤乡清真西寺(安康县石堤乡)
㉙ 铁岭清真寺(安康市安乐乡铁岭)
㉚ 咸阳清真寺(咸阳市)
㉛ 渭南清真寺(渭南市)

安康清真寺

位于安康市箐子巷。据记载,该寺始建于元代。明万历十一年(1583年)和清同治元年(1862年)两次被毁。后几经重建,才得以保存。整体建筑更具伊斯兰特色。门厅上两座绿色拱形大圆顶,分居两侧,正中是一座飞檐的六角宣礼塔,塔顶装有象征伊斯兰标志的银色月牙。

圣纪(圣忌)
伊斯兰教历3月12日
圣纪是穆罕默德的诞生日,圣忌是穆罕默德的逝世日,相传穆罕默德诞生于公元571年4月20日(教历3月12日),逝世于公元632年的4月20日。

登霄节
伊斯兰教历7月17日
传说穆罕默德52岁时,在教历7月17日的夜晚,由天使传布勤伊斯兰教历7月17日来阿同,从麦加到耶路撒冷,又从那里"登霄",遨游七重天,见到了古代先知和天国,火狱等,黎明时分返回麦加。

盖得尔夜
伊斯兰教历9月27日
也称"平安之夜"。传说安拉在该夜通过天使布勤伊斯兰教历9月27日始颁降《古兰经》,摘《古兰经》载:这个夜晚一件善功胜过平时一千个月的善功。

西北 158

兰州西关清真寺
XIGUAN MOSQUE

兰州市重点文物保护单位

位置图

西北地区 甘肃省

概况 位于甘肃省兰州市临夏路西端，是穆斯林客商所建，俗有"客寺"之称。始建于明朝洪武或永乐年间，清康熙、雍正年间曾两次重修。1990年在原址重修。重修后的兰州西关清真寺在1992年被评为兰州市十大优秀建筑之一。现在成为兰州市对外开放的一个景点。

导游 礼拜大殿平面呈圆形，建筑面积3000平方米，总高度约37米，共分四层，底层高3.9米，设有办公室、讲经堂、宿舍、储藏室、沐浴室，还辟有一间供妇女用的小礼拜殿。上部三层为礼拜大殿，可容纳3000多人，跑马廊平面内还设有藏经室、广播室、休息室。二层大殿与跑马廊为一个连通空间，三四层为一个连通空间，四层之间也可垂直连通。四层外围有一回廊平台。大殿由20个高17米的圆拱门紧紧围绕，中心有一直径约25米的扁圆壳。礼拜大殿在装饰方面大量使用了穹顶及拱门及大面积的装饰图案，立面窗户全部采用铝合金框架。外墙以乳白色为基色，间以绿、蓝等色之装饰图案。整个建筑设计精巧，造型独特，独具风格。

西北地区著名清真寺分布图

❶ 西安大学习巷清真寺
❷ 兰州西关清真寺
❸ 纳家户清真寺
❹ 洪水泉清真大寺
❺ 苏公塔清真寺
❻ 拉萨清真寺

伊斯兰教三大圣地 TOP3 MOSLEM LAND

麦加 [禁寺]　MECCA

麦地那 [先知寺]　MEDINA

耶路撒冷 [远寺]　JERUSALE

旅游指南(TOUR GUIDE)

地　　址：中国甘肃省兰州市
邮　　编：730030
电　　话：86-0931-8828783（咨询电话）
开放时间：全天

旅游交通信息（TOUR INFO）

航空机场：兰州中川机场
铁路车站：兰州火车站
公　　路：国道109、213、309、310、312、
　　　　　高速公路连霍、丹拉
水路码头：

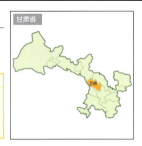

甘肃省

兰州

导游图（TOUR MAP）

安宁路　　白塔山公园　　雁滩公园
兰州西关清真寺
环行东路　　南昌路
西津东路
西固路　　西津西路　　白银路
西园路
五泉山公园

图例

中心城区	●
城镇	○
铁路	
高速公路	
国道	
省级公路	
城造	

N
W　E
S

甘肃著名清真寺分布
GANSU

位置图 (LOCATOR MAP)

甘肃省简称"甘",面积约43万平方公里,居中国全部34省级行政区划排名第6位,人口2600万,居第22位。辖14个地市,86个县级区划,1342个乡镇区划,省会兰州市。国家级重点文物保护单位71处。

兰州南关清真大寺

位于兰州市酒泉路183号,原南城门与拱兰门(南稍门)之间,故又称拱南清真大寺或南稍门大寺。始建于明洪武年间(1368—1398年)。清真寺坐西朝东,以仿耶路撒冷绿圆顶圣岩寺式样建成的大殿楼为中心,建筑物层次分明。大殿楼高37米,分为四层。

广河西川大寺

武威东关清真寺

位于武威市东关街清真寺巷47号。始建于唐朝,当时有大食(阿拉伯)、波斯(伊朗)商旅沿丝绸之路来此贸易,为了其宗教需求在此建寺。

甘肃位置与距离参考

省会:兰州

开斋节
伊斯兰教历10月1日
又称"肉孜"节(波斯语音译,意为"斋戒")。教法规定,教历9月斋戒一月,斋月最后一天寻看新月,见月的次日开斋,即为开斋节,并举行会礼和庆祝活动。

宰牲节
伊斯兰教历12月10日
又称"古尔邦"节,即朝觐者在麦加活动的最后一天。每逢这一节日,穆斯林沐浴盛装,到清真寺举行会礼,听阿訇讲经,举行相拜会,宰牛、羊、骆驼,除了食自食以外,互相馈赠,或送给清真寺。

临夏清真老华寺

兰州桥门街清真寺

位于兰州市中山桥以南的回民聚居区桥门巷内。该寺最早可能建于明代。清康熙年间由当地集资扩建，康熙六十一年(1722年)建成。桥门街寺以阿拉伯圆顶建筑为主体，两面配楼为中国古典式，前面有一装钟的邦克楼，中阿建筑风格合璧，别具一格。寺内礼拜大殿进深5间14檩，仅用4根立柱支撑，以鼓形蚂蚁石柱为柱基。殿内宽敞豁亮，可容千人同时礼拜。该寺现为全国重点文物保护单位。

甘肃著名清真寺
❶ 安宁清真寺(兰州市)
❷ 白树巷中寺(兰州市)
❸ 东关清真寺(兰州市)
❹ 皋兰山清真寺(兰州市)
❺ 兰州坊清真寺(兰州市)
❻ 南关清真寺(兰州市)
❼ 水上清真寺(兰州市)
❽ 西关清真大寺(兰州市)
❾ 新关清真寺(兰州市)
❿ 南滩清真寺(兰州市)
⓫ 桥门清真寺(兰州市)
⓬ 白银区清真寺(白银市白银区)
⓭ 西山清真寺(甘南州合作市)
⓮ 合作市清真大寺(甘南州合作市)
⓯ 大西关清真寺(甘南州临潭县)
⓰ 滨河路清真寺(金昌市金川区)
⓱ 北京路清真寺(金昌市金川区)
⓲ 永窑路清真寺(金昌市金川区)
⓳ 城关清真寺(酒泉市定西县)
⓴ 堡子清真寺(临夏州)
㉑ 广河四川大寺(临夏州)
㉒ 大河家清真大寺(临夏州积石山县)
㉓ 吹麻滩清真大寺(临夏州积石山县)
㉔ 桥头清真大寺(临夏州积石山县)
㉕ 刘家峡清真寺(临夏州永靖县)
㉖ 北关清真寺(陇南徽县)
㉗ 东关清真寺(陇南徽县)
㉘ 清真北大寺(平凉市)
㉙ 清真东北寺(平凉市)
㉚ 清真东大寺(平凉市)
㉛ 清真高平寺(平凉市)
㉜ 真旅平寺(平凉市)
㉝ 清真南寺(平凉市)
㉞ 清真上寺(平凉市)
㉟ 清真西大寺(平凉市)
㊱ 西北清真寺(平凉市)
㊲ 中州清真寺(平凉市)
㊳ 峡门村清真寺(平凉市峡门乡)
㊴ 葛岭清真寺(庆阳市庆阳县)
㊵ 西峰清真大寺(庆阳市西峰区)
㊶ 马跑泉清真寺(天水市北道区)
㊷ 北关清真寺(天水市秦城区)
㊸ 红台清真寺(天水市秦城区)
㊹ 后街清真寺(天水市秦城区)
㊺ 恭门镇清真北大寺(天水市张家川县)
㊻ 武威东关清真大寺(武威市)

地图标注：白银市、庆阳、兰州市、定西、平凉、天水市、陇南

N
W　E
S

西北 162

纳家户清真寺
NAJIAHU MOSQUE

宁夏重点文物保护单位

位置图

西北地区 宁夏

概况 位于宁夏回族自治区银川市永宁县，始建于明嘉靖三年（1525年），因教民纳姓最多，故称纳家户清真寺。曾于清乾隆、同治年间两次遭受严重损毁，后陆续修复，现存建筑主要是清末重建的。该清真寺是宁夏历史悠久、规模较大的清真寺之一，现为宁夏回族自治区重点文物保护单位。

导游 纳家户清真寺是一座传统的汉式建筑寺院，占地30多亩。寺院坐西朝东，呈长方形，由门楼、礼拜大殿、厢房、沐浴室组成。门楼在该建筑群中最为醒目，对面有照壁一块。门楼俗称"邦克楼"，面向东，为类似城门砖砌过洞式。门楼中间高台上为三层重檐式建筑，称"望月楼"，高21米，为穆斯林斋月时登此楼眺望新月所用；而南北两侧的两座三层四角攒尖顶的建筑，才是真正的"邦克楼"，是昔日寺内每日五时礼拜时敲梆子呼唤穆斯林礼拜时所用。清真寺的主体建筑礼拜大殿，建筑面积950多平方米，宽敞宏大，可同时容纳千余人礼拜。殿内共有柱子84根之多。大殿两边改建有天经院、厢房等。

西北地区著名清真寺分布图

❶ 西安大学习巷清真寺
❷ 兰州西关清真寺
❸ 纳家户清真寺
❹ 洪水泉清真大寺
❺ 苏公塔清真寺
❻ 拉萨清真寺

伊斯兰教三大圣地 TOP3 MOSLEM LAND

麦加［禁寺］　MECCA

麦地那［先知寺］　MEDINA

耶路撒冷［远寺］　JERUSALE

旅游指南(TOUR GUIDE)

地　　址: 中国宁夏银川市永宁县
邮　　编: 750100
电　　话: 86-0951-6080769（旅游咨询）
开放时间: 全天

旅游交通信息（TOUR INFO）

航空机场: 银川河东机场
铁路车站: 银川火车站
公　　路: 国道109、110、307.
　　　　　高速公路丹拉、青银
水路码头:

宁夏

导游图（TOUR MAP）

○贺兰县

黄河

银川市

银

永宁县
纳家户清真寺

灵武市

川

109

307

211

N
W　E
S

图例
中心城区	●
城镇	○
铁路	
高速公路	
国道	
省级公路	
城墙	

宁夏著名清真寺分布
NINGXIA

宁夏回族自治区简称"宁",面积约6.6万平方公里,居中国全部34省级行政区划排名第27位,人口589万,居第31位。辖5个地市,21个县级区划,229个乡镇区划,区府银川市。国家级重点文物保护单位17处。

位置图 (LOCATOR MAP)

银川南关清真大寺

位于银川市城区东南角。始建年代较为久远。明朝末年原寺地址在银川南关外"拱北"亭,规模较小。1916年将寺址迁入南关内。现寺为1981年重建,是一座具有阿拉伯风格和中国民族特色的建筑。寺院面积约1万平方米,坐西朝东。主殿为圆形拱顶两层,上层为大殿、阳台,方形大礼拜殿可容纳1300多人做礼拜。下层有沐浴室、小礼拜殿、女礼拜殿、阿拉伯语学校、阿訇卧室、办公室、会客室等。楼顶正中耸立着一大四小的绿色穹隆装饰。

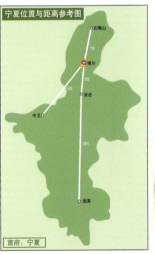

宁夏位置与距离参考图

石嘴山
79
银川
59
吴忠
190
中卫
281
固原

首府:宁夏

中卫市

黄河

大节日

开斋节
伊斯兰教历10月1日
又称"肉孜"节(波斯语音译,意为"斋戒"),教法规定教历9月斋戒一月,斋月最后一天寻看新月,见月的次日开斋,即为开斋节,并举行会礼和庆祝活动。

宰牲节
伊斯兰教历12月10日
又称"古尔邦"节,即朝觐者在麦加活动的最后一天,每逢这一节日,穆斯林沐浴盛装,到各清真寺举行会礼,互相祝贺。宰牛、羊、骆驼,除了自食以外,互相馈赠,或送给清真寺。

韦州大寺

位于吴忠市同心县韦州镇。始建年代说法不一，据考证应为明代所建。该寺布局为对称的两进院式。进门为开阔的庭院，南北各为对称的厢房。正面则为三层的"邦克楼"，两侧还有对称的月门。穿过邦克楼就是礼拜大殿。大殿可容纳千余人同时礼拜。殿西南角有后门一座，门外有照壁一座。

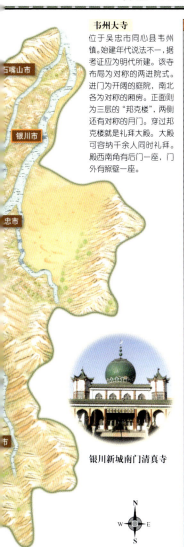

银川新城南门清真寺

宁夏著名清真寺

1 南关清真大寺(银川市)
2 宁夏伊斯兰教经学院(银川市)
3 纳家户清真寺(银川市永宁县)
4 西关清真大寺(银川市)
5 良田城关清真寺(银川市)
6 沙滩清真寺(中卫市)
7 莫楼清真寺(中卫市)
8 东关清真寺(中卫市)
9 大武口清真寺(石嘴山市)
10 平罗县中方大寺(石嘴山市)
11 七营马莲清真大寺(固原市)
12 莲家庄清真寺(固原市)
13 大湾乡绿塬下坊清真寺(固原市)
14 大湾乡瓦亭东门清真寺(固原市)
15 大湾乡杨岭上坊清真寺(固原市)
16 大湾乡杨岭下坊清真寺(固原市)
17 东郊乡柴沟湾清真寺(固原市)
18 东郊乡单洼清真寺(固原市)
19 东郊乡共合清真寺(固原市)
20 黑城镇黑城街道大寺(固原市)
21 彭堡乡曹洼村童梁清真寺(固原市)
22 彭堡乡撒门村陕庄清真寺(固原市)
23 炭山乡低水清真寺(固原市)
24 炭山乡黑剌湾清真寺(固原市)
25 炭山乡上梁清真寺(固原市)
26 头营乡沈河上清真寺(固原市)
27 西郊乡郭庄猫头嘴清真寺(固原市)
28 西郊乡饮河二队清真寺(固原市)
29 张易乡梁庄清真寺(固原市)
30 张易乡下南川清真寺(固原市)
31 张易乡秀才清真寺(固原市)
32 海原西门清真大寺(固原市)
33 大湖拜清真寺(吴忠市)
34 杜家滩村大寺(吴忠市)
35 杜家滩村十队西寺(吴忠市)
36 关渠清真大寺(吴忠市)
37 同心清真大寺(吴忠市同心县)
38 同心清真东寺(吴忠市同心县)
39 同心清真西寺(吴忠市同心县)
40 同心清真北寺(吴忠市同心县)
41 同心清真老南寺(吴忠市同心县)
42 同心清真南关寺(吴忠市同心县)
43 韦州大寺(吴忠市同心县)
44 吴忠清真东大寺(吴忠市)
45 兴旺清真寺(吴忠市)
46 早元清真寺(吴忠市)

圣纪（圣忌）
伊斯兰教历3月12日

圣纪是穆罕默德的诞生日，圣忌是穆罕默德的逝世日。相传穆罕默德诞生于公元571年4月20日(教历3月12日)，逝世于公元632年的4月20日。

登霄节
伊斯兰教历7月17日

传说穆罕默德52岁时，在教历7月17日的夜晚，由天使布勒伊柔簇同，从麦加到耶路撒冷，又从那里"登霄"，遨游七重天。见到了古代先知和天国、火狱等，黎明时返回麦加。

盖得尔夜
伊斯兰教历9月27日

也称"平安之夜"，传说安拉于该夜通过天朝伊来天使开始颁降《古兰经》。据《古兰经》载，该夜作一件善功胜过平时一千个月的善功。

洪水泉清真大寺

HONGSHUIQUAN MOSQUE

青海省重点文物保护单位

位置图

西北地区 青海省

概况 位于青海省海东地区平安县洪水泉乡，始建于清乾隆年间（1736—1795年）。寺内有精美的木雕装饰和独具特色的青砖磨雕，是青海省以及西北地区比较著名的清真寺之一，现为青海省重点文物保护单位。

导游 洪水泉清真大寺占地面积6.3亩，为一四合院式古典建筑群落，由三个院落组成。大门外院的东端为小学校，是一个院落。进大门与二门构成外院，主体建筑礼拜大殿位于内院。作为宣礼楼的二门是外院比较有特点的建筑。其斗拱的制作保持了清代鼎盛时期的形制，灵活而又富于变化。它上、中、下三层各不相同，越高越灵活也越华丽。大殿五间，包括前卷棚、中大殿、后窑殿三部分。殿的左侧为阿訇宿舍，后为水堂子，右侧低地上修有经学堂。寺院所有的小木方框以及花纹雕刻精美细致，但是绝不使用一点油漆彩画，而是露着淡黄褐色的木板本色，只是用雕刻的精美来显现木刻的优美质感及线、面所组成的美丽纹样。

西北地区著名清真寺分布图

1 西安大学习巷清真寺
2 兰州西关清真寺
3 纳家户清真寺
4 洪水泉清真大寺
5 苏公塔清真寺
6 拉萨清真寺

伊斯兰教三大圣地 TOP3 MOSLEM LAND

麦加 [禁寺] MECCA

麦地那 [先知寺] MEDINA

耶路撒冷 [远寺] JERUSALEM

都兰县中庄清真寺

位于海西州都兰县香日德镇中庄。始建于1947年，1958年被拆除，1981年重建。现寺占地总面积3亩，建筑总面积667平方米，是柴达木地区影响较大的清真寺之一。

西宁市西关清真寺

位于西宁市西关街141号，又名纸坊清真寺。原寺建于清朝末年，因扩大路面和其他缘故迁址4处至现址。全寺占地总面积0.7亩，建筑总面积441平方米。礼拜大殿为古典式与阿拉伯式相结合之建筑。

青海著名清真寺

1. 桥头清真大寺(西宁大通县)
2. 湟源县清真寺(西宁湟源县)
3. 白家河湾清真寺(西宁市)
4. 北大清真寺(西宁市)
5. 滨河路清真寺(西宁市)
6. 城东区大众街清真寺(西宁市)
7. 东关清真大寺(西宁市)
8. 凤凰山拱北清真寺(西宁市)
9. 富强巷清真寺(西宁市)
10. 桦林乡西沟清真寺(西宁大通县)
11. 极乐乡莫合清真寺(西宁大通县)
12. 良教乡石庄清真寺(西宁大通县)
13. 良教乡松林村清真寺(西宁大通县)
14. 路林巷清真寺(西宁市)
15. 南川东路清真寺(西宁市)
16. 南山路清真寺(西宁市)
17. 石山乡后沟清真寺(西宁大通县)
18. 石山乡梨尔湾清真寺(西宁大通县)
19. 水城门清真寺(西宁市)
20. 塔尔镇白崖清真寺(西宁大通县)
21. 王家庄清真寺(西宁市)
22. 西关大街清真寺(西宁市)
23. 下林家崖清真寺(西宁市)
24. 斜沟乡河滩清真寺(西宁大通县)
25. 杨家台清真寺(西宁市)
26. 园山路清真寺(西宁市)
27. 中南关清真寺(西宁市)
28. 大滩乡清真寺(海北门源)
29. 八宝镇清真寺(海北祁连县)
30. 化隆清真寺(海东化隆县)
31. 老鸦清真寺(海东乐都县)
32. 碾伯清真大寺(海东乐都县)
33. 民和清真大寺(海东民和县)
34. 平安清真大寺(海东平安县)
35. 循化清真大寺(海东循化县)
36. 龙羊峡北大街清真大寺(海南共和县)
37. 河阴清真寺(海南贵德县)
38. 茫曲镇那然三社清真寺(海南贵南县)
39. 明星清真寺(海南兴海县)
40. 和平巷清真寺(海西格尔木市)
41. 河西清真寺(海西格尔木市)
42. 希里沟清真寺(海西乌兰县)
43. 康家清真大寺(黄南尖扎县)
44. 上李家清真寺(黄南尖扎县)
45. 崖湾清真寺(黄南尖扎县)
46. 杨家清真寺(黄南尖扎县)

圣纪（圣忌）

伊斯兰教历3月12日

圣纪是穆罕默德的诞生日，亦忌是穆罕默德的逝世日，相传穆罕默德诞生于公元571年4月20日(教历3月12日)，逝世于公元632年的4月20日。

登霄节

伊斯兰教历7月17日

传说穆罕默德52岁时，在教历7月17日的夜晚，由天使领布勒伊来陪同，从麦加到耶路撒冷，又从那里"登霄"，遨游七重天，见到了古代先知和天国、火狱等，黎明时返回麦加。

盖得尔夜

伊斯兰教历9月27日

也称"平安之夜"。传说安拉于该夜通过哲布勒伊来天使将《古兰经》颁降《古兰经》数，此夜做一件善功胜过平时一千个月的善功。

苏公塔清真寺
SUGONGTA MOSQUE

全国重点文物保护单位（1988 年）

位置图

西北地区 新疆

概况 位于新疆唯吾尔自治区吐鲁番市东郊2公里处的葡萄乡木纳格村的台地上，是新疆境内大的伊斯兰教礼拜寺之一。寺内的苏公塔，又名"额敏塔"，建成于1777年，是清朝名将吐鲁番郡王额敏和卓的次子苏来曼，为纪念其父的功绩，表达对清王朝的忠诚，自出白银7000两建造而成的。塔和清真寺据传都是清代维吾尔族建筑大师伊布拉宫等人设计建造的。苏公塔现为全国重点文物保护单位。

导游 整个建筑群以古塔和清真寺两部分组成。清真寺宽敞宏大，礼拜大厅可容近千人礼拜。该寺采用吐鲁番地区特有的阴干生土坯砌墙盖顶，同时具有浓郁的伊斯兰建筑风格。苏公塔高44米，基部直径10米。古塔是灰砖结构，除了顶部窗棂外，基本不用什么木料。塔身浑圆，自下而上，逐渐收缩。塔身中心是用灰砖砌起的粗粗实实的一个圆形柱。圆柱蜿蜒向上，同样使用砖块砌起的阶梯，呈螺旋形铺展。凭阶拾级而上，可一直登临塔顶。塔身外部有几何图案15种之多，可谓精妙绝伦。苏公塔造型别具一格，是吐鲁番著名的旅游景点之一。1961年，苏公塔经历了12级大风的考验，安然无恙。为了以防不测，妥善保护古塔，目前在塔体外加了三道铁箍固定它。

西北地区著名清真寺分布图
- ❶ 西安大学习巷清真寺
- ❷ 兰州西关清真寺
- ❸ 纳家户清真寺
- ❹ 洪水泉清真大寺
- ❺ 苏公塔清真寺
- ❻ 拉萨清真寺

伊斯兰教三大圣地 TOP3 MOSLEM LAND

麦加［禁寺］ MECCA　麦地那［先知寺］ MEDINA　耶路撒冷［远寺］ JERUSALEM

旅游指南(TOUR GUIDE)

地　　址：中国新疆维吾尔自治区吐鲁番市
邮　　编：838000
电　　话：86-0995-8523653（旅游咨询）
开放时间：全天

旅游交通信息（TOUR INFO）

航空机场：吐鲁番机场
铁路车站：吐鲁番火车站
公　　路：国道312、314，
　　　　　高速公路连霍
水路码头：

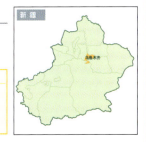

新疆

导游图（TOUR MAP）

图例

中心城区
城镇
铁路
高速公路
国道
省级公路
城墙

大河沿镇　　　　七泉湖镇

吐

苏公塔清真寺

团场　　吐鲁番市　　　312

艾丁湖　　恰特喀勒　　三堡

鲁

番

N
W　　E
S

新疆著名清真寺分布
XINJIANG

位置图 (LOCATOR MAP)

新疆维吾尔自治区简称"新",面积约166万平方公里,居中国全部34省级行政区划排名第1位,人口1962万,居第25位。辖14个地市州,99个县级区划,1009个乡镇区划,首府乌鲁木齐市。国家级重点文物保护单位58处。

新疆位置与距离参考

首府:乌鲁木齐

陕西大寺

位于乌鲁木齐市和平南路永和正巷10号。始建于清乾隆年间(1736-1795年),清末光绪三十二年(1906年)由陕西渭河流域一带各方伊斯兰教人士捐资重建。陕西大寺是乌鲁木齐市最大的回族清真寺建筑,乌鲁木齐市伊斯兰教协会设立在此,现为新疆自治区重点文物保护单位。陕西大寺占地面积5186平方米,为庭院式格局。西面大殿是寺院主体建筑。殿内铺垫着供穆斯林礼拜用的毛毯。殿周围走廊有36根红圆木柱,规模宏伟,十分壮观。大殿前面是宽敞的大院,除西面外,各面均建有厅堂。

重大节日

开斋节
伊斯兰教历10月1日
又称"肉孜"节(波斯语音译,意为"斋戒")。教法规定,在伊斯兰教历9月斋戒一月,斋月最后一天寻觅新月,见月的次日开斋。次为开斋节,并举行会礼和庆祝活动。

宰牲节
伊斯兰教历12月10日
又称"古尔邦"节,即朝觐者在麦加活动的最后一天,每逢这一节日,穆斯林沐浴盛装,到各清真寺举行会礼,互相拜会,宰牛、羊、骆驼,除了自食以外,互相馈赠,或送给清真寺。

库车清真大寺

位于新疆库车县城东，约建于汉代。据传为16世纪新疆伊斯兰教黑山首领伊斯哈吾里从喀什到库车留居传道期间所倡建。该寺占地约21亩，由礼拜殿、宣礼塔、拱顶门楼、望月楼、讲经堂、宗教法庭、宿舍等组成。是库车穆斯林的宗教活动和教育中心，可容数千人礼拜。

新疆著名清真寺

❶ 白大寺(乌鲁木齐市天山区)
❷ 拜图拉寺(乌鲁木齐市天山区)
❸ 北坊清真寺(乌鲁木齐市)
❹ 东坊清真寺(乌鲁木齐市新市路)
❺ 汗腾格里寺(乌鲁木齐市)
❻ 河坝沿清真寺(乌鲁木齐市天山区)
❼ 坑坑寺(乌鲁木齐市天山区)
❽ 兰州清真寺(乌鲁木齐市跃进街)
❾ 老坊寺(乌鲁木齐市天山区)
❿ 西关清真寺(乌鲁木齐市)
⓫ 南大寺(乌鲁木齐市)
⓬ 宁固寺(乌鲁木齐市天山区)
⓭ 山西巷寺(乌鲁木齐市天山区)
⓮ 陕西大寺(乌鲁木齐市)
⓯ 塔塔尔寺(乌鲁木齐市)
⓰ 洋行清真寺(乌鲁木齐市)
⓱ 伊斯兰教经文学校(乌鲁木齐市)
⓲ 库车大寺(阿克苏地区库车县)
⓳ 阿勒泰清真寺(阿勒泰地区)
⓴ 昂嘉恩庙(巴音郭楞州)
㉑ 加美清真寺(巴音郭楞州库尔勒市)
㉒ 阜康回族清真寺(昌吉州)
㉓ 广泉大寺(昌吉州)
㉔ 玛纳斯县东大寺(昌吉州)
㉕ 小泉清真寺(昌吉州)
㉖ 延安南路清真寺(昌吉州)
㉗ 哈密艾提尔尔大清真寺(哈密地区)
㉘ 和田大寺(和田地区)
㉙ 居曼寺(和田地区)
㉚ 加玛清真寺(喀什莎车)
㉛ 阿孜那清真寺(喀什莎车)
㉜ 喀什乌孜别克清真寺(喀什地区)
㉝ 阿克陶清真寺(克孜勒苏柯尔克孜州)
㉞ 奎屯市清真寺(奎屯市)
㉟ 陕西上方清真寺(塔城乌苏市)
㊱ 温泉灵泉寺(塔城沙湾县)
㊲ 艾力帕塔霍加墓清真寺(吐鲁番)
㊳ 博斯坦清真寺(吐鲁番托克逊县)
㊴ 东巴扎东大寺(吐鲁番鄯善县)
㊵ 东大寺(吐鲁番)
㊶ 加帕尔伊麻木清真寺(吐鲁番)
㊷ 卡孜哈纳清真寺(吐鲁番)
㊸ 苏公塔清真寺(吐鲁番)
㊹ 西大寺(吐鲁番)
㊺ 伊犁河清真寺(伊犁伊宁)
㊻ 拜吐拉清真寺(伊犁伊宁)

阿勒泰
昌吉
吐鲁番
音郭楞

伊宁回族大寺

位于伊宁市，原名宁固寺，又称凤凰寺、陕西大寺等。始建于清乾隆十五年（1760年）。该寺的结构布局与陕西西安化觉巷清真寺相似，是中国传统砖木结构和阿拉伯装饰相结合的建筑。

圣纪（圣忌）

伊斯兰教历3月12日

圣纪是穆罕默德的诞生日，圣忌是穆罕默德的逝世日。相传穆罕默德诞生于公元571年4月20日(教历3月12日)，逝世于公元632年的4月20日。

登霄节

伊斯兰教历7月17日

传说穆罕默德52岁时，在教历7月17日的夜晚，由天使带他勘察地狱、天园，也加剧玩拜真纱，又从那里"登霄"，遨游了很久。由此了古代先知和天国、火狱等，黎明时返回原处。

盖得尔夜

伊斯兰教历9月27日

也称"平安之夜"。传说安拉于该夜通过天使向穆圣(及天使平穆)颁降《古兰经》。据《古兰经》记载，在这一夜里做善事胜过平时一千个月的善功。

拉萨清真寺
TIBET MOSQUE

拉萨著名清真寺

位置图

西北地区 西藏

概况 位于西藏自治区拉萨市旧城东南河坝林回族聚居区,又称河坝林清真寺。这里有回民住宅、墓地和两座清真寺。

导游 拉萨清真寺——始建于18世纪中叶。寺院占地面积2600多平方米,建筑面积1300平方米。沿中轴线前后设有三进院落。建筑群由牌楼、礼拜殿、邦克楼、浴室、水房、林卡等组成。宣礼楼又称邦克楼,是大清真寺的主要塔楼,礼拜员按时登临塔顶,召唤穆斯林按时进行礼拜活动。礼拜殿是寺院的主体建筑,建筑面积285平方米,坐西朝东,分内殿、敞厅、月台等。敞厅内悬挂有"清真古寺"匾额。小清真寺——是1920年代专门给到拉萨经商、旅游的克什米尔、拉达克、南亚等国伊斯兰教信徒做礼拜而筹资修建的。在北郊的夺底山沟和西郊的吉采鲁丁,还有两座穆斯林墓地。

资料 相传7世纪时,五世达赖喇嘛罗桑嘉措被一位来自克什米尔的伊斯兰传教师对伊斯兰教义的忠诚所感动,派人在落多桥一带"射箭赐地",安置穆斯林定居下来。后来陕甘青等省和克什米尔地区以经商传教为主的穆斯林,来到雪域高原,与当地藏族通婚,形成拉萨"卡基林卡"。"卡基"藏语指回族,"林卡"为绿洲之意。

西北地区著名清真寺分布图

❶ 西安大学习巷清真寺
❷ 兰州西关清真寺
❸ 纳家户清真寺
❹ 洪水泉清真大寺
❺ 苏公塔清真寺
❻ 拉萨清真寺

伊斯兰教三大圣地 TOP3 MOSLEM LAND

麦加 [禁寺] MECCA

麦地那 [先知寺] MEDINA

耶路撒冷 [远寺] JERUSALEM

旅游指南(TOUR GUIDE)

地　　址：中国西藏自治区拉萨市
邮　　编：850000
电　　话：86-0891-6342884（旅游咨询）
开放时间：全天

旅游交通信息（TOUR INFO）

航空机场：拉萨贡嘎机场
铁路车站：拉萨火车站
公　　路：国道109、317、318
水路码头：

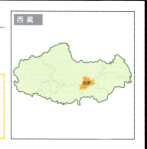

导游图（TOUR MAP）

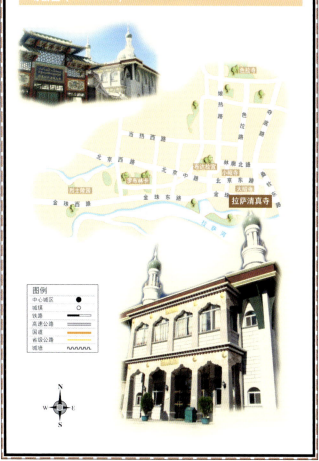

色拉寺

娘
热
路

色　夺
拉　波
路　路

当热西路

北京西路

哲蚌法寺

林廓北路

北京中路　小昭寺
北 京 东 路
大昭寺

扎基寺

罗布林卡

纳士康园

金珠西路
金珠东路

拉萨河

拉萨清真寺

图例
中心城区　　●
城镇　　　　○
铁路
高速公路
国道
省级公路
城墙

N
W　　E
S

藏 西藏著名清真寺分布
TIBET

西藏藏族自治区简称"藏"，面积约123万平方公里，居中国全部34省级行政区划排名第2位，人口268万，居第33位。辖7个地市，73个县级区划，691个乡镇区划，首府拉萨市。国家级重点文物保护单位35处。

伊斯兰教是在清朝初期由甘肃、青海一带进藏的穆斯林商人传入昌都的。据说原先昌都有过三座清真寺，但是由于这里的穆斯林长时间生活在藏区，交通不便，与内地接触少等原因，有些逐步藏化了。

位置图 (LOCATOR MAP)

拉萨清真寺大门

西藏位置与距离参考图

首府：拉萨

开斋节
伊斯兰教历10月1日
又称"肉孜"节（波斯语音译，窀为"斋戒"）。教徒规定，教历9月斋戒一月，斋月最后一天寻有新月，见月的次日开斋。即为开斋节。并举行会礼和庆祝活动。

宰牲节
伊斯兰教历12月10日
又称"古尔邦"节，即朝觐者在麦加活动的最后一天，每逢这一节日，穆斯林沐浴盛装，到各清真寺举行会礼，互相拜会，宰牛、羊、骆驼，除了自食以外，互相馈赠，或送给清真寺。

昌都清真寺

昌都县城关镇有穆斯林18户，在这里长年经商的外地穆斯林也有200人，1991年在昌都修复了一座小清真寺。寺占地2.3亩，结构精巧。寺内礼拜殿总体建筑呈传统歇山式，殿内长8.5米，宽52米，建筑面积54平方米，能容纳100多人礼拜。殿门正中高悬"宏扬真教"木雕漆金匾。

西藏著名清真寺
❶ 拉萨小清真寺(拉萨)
❷ 昌都城关镇清真寺(昌都)
❸ 日喀则清真寺(日喀则)

拉萨清真寺

圣纪（圣忌）
伊斯兰教历3月12日
圣纪是穆罕默德的诞生日，圣忌是穆罕默德的逝世日。相传穆罕默德诞生于公元571年4月20日(教历3月12日)，逝世于公元632年的4月20日。

登霄节
伊斯兰教历7月17日
传说穆罕默德52岁时，在教历7月17日的夜晚，由天使哲布勒伊来陪同，从麦加到耶路撒冷，又从那里"登宵"，遨游七重天，见到了古代先知和天国，火狱等。黎明时返回麦加。

盖得尔夜
伊斯兰教历9月27日
也称"平安之夜"，传说安拉于该夜通过哲布勒伊来天使开始颁降《古兰经》。据《古兰经》载，该夜作一件善功胜过平时一千个月的善功。

碧波澄澈朗見庭十四

我馬沼上素擒高師

艾頴無風像骨馬巖雙

上拾毛骨每每中出上流蘭

讓黃牝牡骔色親頷涤

鷺毛窪毛牝誰借神

者措索窽集覽畫馬

方印面膚中竟之毛

真偽何必晚手設此技

應是自身不自當我毛

博物乃如未畝兒馬太

华南地区
SOUTH CHINA

华南清真寺分布
SOUTH CHINA

华南指中国东南沿海 7 个省级行政区划地域，广东省简称粤，省会广州；广西壮族自治区简称桂，首府南宁；海南省简称琼，省会海口；福建省简称闽，省会福州；中国特别行政区香港和澳门，分别简称港、澳；台湾省简称台，省会台北。华南地区总面积约 61 万平方公里，占中国 6% 国土面积。华南另一个通俗的名称为"岭南七省"。

三亚回辉清真古寺
位于海南省三亚市羊栏镇回辉乡，始建于明成化六年（1470 年）。三亚市伊斯兰教协会会址设于此。

肇庆城西清真寺
位于广东省肇庆市康乐中路 56 号，因位于肇庆市城西，又俗称"西寺"。始建于清乾隆三十二年（1767 年），肇庆市伊斯兰教协会现设立于此。

九龙清真寺

华南著名清真寺

1. 肇庆城西清真寺（PP.182-183）
2. 桂林清真古寺（PP.186-187）
3. 三亚回辉清真古寺（PP.190-191）
4. 福州清真寺（PP.194-195）
5. 九龙清真寺（PP.198-199）
6. 台北清真大寺（PP.202-203）

华南位置与距离参考图

（距离单位：公里）

肇庆城西清真寺
ZHAOQING MOSQUE

肇庆市重点文物保护单位

位置图

华南地区 广东省

概况 位于广东省肇庆市康乐中路56号，因位于肇庆市城西，又俗称"西寺"。该寺始建于清乾隆三十二年(1767年)，初建时仅有礼拜殿。道光十一年（1831年）有较大规模扩建。其后百余年，寺院长期失修损毁殆尽。1983年在众委员、乡老的努力下重建该寺，历时一年，于1984年9月"古尔邦"节前夕建成。肇庆市伊斯兰教协会现设立于此。

导游 西寺占地面积约22.8亩，总建筑面积1406平方米，整体建筑是结合了阿拉伯与中国传统建筑相结合的风格特点，寺院环境幽静。其主体建筑礼拜大殿为阿拉伯式建筑，面积360平方米，装饰素朴典雅，庄严肃穆，四周回廊所用柱子均为石柱。殿门顶有"主思念念"图，两边描联为："何须色相昭彰，去拜中严然如在；莫道典型迁远，册卷内自有真传。"殿内有阿拉伯文、汉文匾联数副。

华南地区著名清真寺分布图

❶ 肇庆城西清真寺
❷ 桂林清真古寺
❸ 三亚回辉清真古寺
❹ 福州清真寺
❺ 九龙清真寺
❻ 台北清真大寺

伊斯兰教三大圣地 TOP3 MOSLEM LAND

麦加 [禁寺] MECCA

麦地那 [先知寺] MEDINA

耶路撒冷 [远寺] JERUSALEM

旅游指南(TOUR GUIDE)

地　　址：中国广东省肇庆市
邮　　编：526040
电　　话：86-0758-2262296（旅游咨询）
开放时间：全天

旅游交通信息（TOUR INFO）

航空机场：广州白云机场
铁路车站：肇庆火车站
公　　路：国道321、324,
　　　　　高速公路广梧
水路码头：

广东省

导游图（TOUR MAP）

迎宾大道

站前西路

波海湖

中心湖

东湖

星湖

西江北路

中心路

星湖东路

西湖路

青年湖

三桂路

大桥

肇州七路

黄塘路

端州四路

端州三路

古塔路

前进路

二塔路

肇州六路

建设三路

西江南路

肇庆城西清真寺

城中路

江滨西堤路

广梧前街

大桥

江滨中堤路

西　江

图例

中心城区	●
城镇	○
铁路	
高速公路	
国道	
省级公路	
城墙	

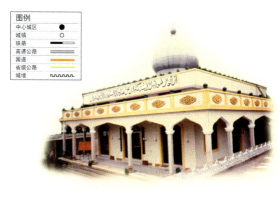

广东著名清真寺分布

GUANGDONG

广东省简称"粤",面积约18万平方公里,居中国全部34省级行政区划排名第15位,人口7900万,居第4位。辖21个地市,121个县级区划,1579个乡镇区划,省会广州市。国家级重点文物保护单位66处。

位置图 (LOCATOR MAP)

小东营清真寺

位于广州市小东营街,始建于明代成化年间,清嘉庆二十二年(1817年)、同治五年(1866年)先后重新修造。小东营清真寺占地面积0.9亩,建筑总面积为462平方米。礼拜大殿建筑形式为中国宫殿式结构,大殿建筑面积153平方米。

韶关市

清远市

肇庆市

广州市

佛山市

云浮市

中山市

江门市　珠海市

阳江市

茂名市

南海
(South Sea)

湛江市

N
W　E
S

开斋节

伊斯兰教历10月1日

又称"肉孜"节(波斯语音译,意为"斋戒"),教法规定,教历9月斋戒一月,斋月最后一天看到新月,见月的次日开斋,称为开斋节,并举行会礼和庆祝活动。

宰牲节

伊斯兰教历12月10日

又称"古尔邦"节,即朝觐者在麦加活动的最后一天,每逢这一节日,穆斯林沐浴盛装,到各清真寺举行会礼,互相拜会,宰牛、羊、骆驼,除了自食以外,互相馈赠,或送给清真寺。

濠畔街清真寺

位于广州市人民中路濠畔街，简称"濠畔寺"。始建于明成化年间，当时驻防广州兵士中有不少信奉伊斯兰教，于是集资兴建了几座清真寺，濠畔街清真寺就是其中之一。濠畔寺原有寺门、看月楼、南北廊、水房与大殿。现仅存寺门和大殿。寺门朝南，大殿坐西向东，保存较完整。

广东著名清真寺

1. 怀圣寺(广州市光塔路)
2. 小东营清真寺(广州市小东营街)
3. 濠畔寺(广州市天成路濠畔街)
4. 东营寺(广州市越华路小东营)
5. 南胜寺(广州市大南路)
6. 东郊寺(广州市东校场西侧的东贤里)
7. 清真东寺(肇庆市端州区水师营路)
8. 清真西寺(肇庆市端州区康乐中路)
9. 深圳清真寺(深圳市上梅林)

濠畔街清真寺

广东位置与距离参考图

省会：广州

圣纪（圣忌）

伊斯兰教历3月12日

圣纪是穆罕默德的诞生日，圣忌是穆罕默德的逝世日，相传穆罕默德诞生于公元571年4月20日(教历3月12日)，逝世于公元632年的4月20日。

登霄节

伊斯兰教历7月17日

传说穆罕默德52岁时，在教历7月17日的夜晚，由天使带布勒伊来同，从麦加到耶路撒冷，又从那里"登霄"遨游七重天，见到了古代先知和天国，火狱等，黎明时返回麦加。

盖得尔夜

伊斯兰教历9月27日

也称"坐定之夜"。传说安拉在于这夜通过哲布拉勒伊天使开始颁降《古兰经》，据我作一件善功胜过平时一千个月的善功。

桂林清真古寺

GUILIN MOSQUE

桂林市重点文物保护单位

位置图

华南地区 广西

概况 位于广西壮族自治区桂林市民族路桃花江畔。始建于元代初年。明朝中期时曾经重建。清顺治十八年至康熙三年（1661－1664年）加以扩建。1944年11月桂林沦陷，古寺被焚毁，寺内所有文物、古籍无一幸存。1947年恢复修建大殿和部分附属用房，1993年再次重建。桂林市伊斯兰教协会在此办公。

导游 桂林清真古寺现占地面积8.5亩，总建筑面积984平方米。新寺有宣礼塔(邦克楼)和圆顶大殿，宣礼塔高25米，甚为壮观。大殿内建有穹隆拱顶，外观半球形，具有阿拉伯建筑风格，有上下两层，上层为礼拜大殿，宽敞明亮，可容300人聚礼；楼下设大厅、办公室、会议室、经堂教室、阿訇居室等。大厅内张挂《古兰经》语和圣人穆罕默德训言以及各种题词。与古寺相邻还有一座桂林清真女寺。

资料 自宋代以来，回族陆续迁来广西。俗话说"十个回民九姓马"，但在桂林以至广西，白姓在回民中占有很大的比例。在桂林除了姓白姓马之外，还有姓哈、麻、丁、海、莆、以、宋等，他们主要居住在桂林清真古寺和马坪街以及八角塘一带。

华南地区著名清真寺分布图

❶ 肇庆城西清真寺
❷ 桂林清真古寺
❸ 三亚回辉清真古寺
❹ 福州清真寺
❺ 九龙清真寺
❻ 台北清真大寺

广西
❷
福建
❺
台湾
❻
广东
❶
香港
❺
澳门
海南
❸

伊斯兰教三大圣地 TOP3 MOSLEM LAND

麦加 [禁寺] MECCA　麦地那 [先知寺] MEDINA　耶路撒冷 [远寺] JERUSALEM

旅游指南(TOUR GUIDE)

地　　址：中国广西壮族自治区桂林市
邮　　编：541002
电　　话：86-0773-2800315（旅游咨询）
开放时间：全天

旅游交通信息 (TOUR INFO)

航空机场：桂林两江机场
铁路车站：桂林火车站
公　　路：国道321、322、
高速公路桂海
水路码头：

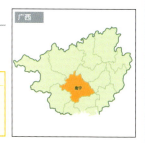

广西

导游图 (TOUR MAP)

图例

中心城区　●
城镇　　　○
铁路
高速公路
国道
省级公路
城墙

桂林清真古寺

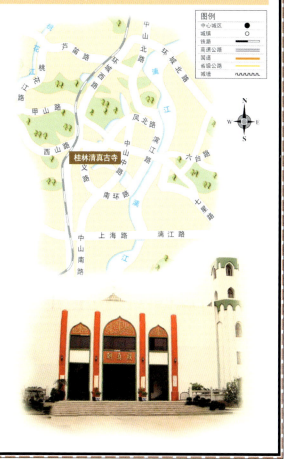

广西著名清真寺分布
GUANGXI

位置图 (LOCATOR MAP)

广西壮族自治区简称"桂",面积约24万平方公里,
居中国全部34省级行政区划排名第9位,人口4894
万,居第10位。辖14个地市、109个县级区划,
1230个乡镇区划,首府南宁市。国家级重点文物
保护单位42处。

南宁清真寺

位于南宁市新华路25号。始建于清顺治年间（1644－1661年）,当
时是在北城门外镇北桥附近。清康熙五十六年（1717年）改建于西门
内现址。清咸丰七年（1857年）被毁。清同治五年（1866年）再次重
建。1924年翻建成现在的楼房。该寺现为三层楼房,屋顶建宣礼塔。一
层为饮食服务店和净水堂;二楼为会议厅和办公室;三楼是大殿,可容
纳100多人同时礼拜。四壁外表用白色瓷砖装修,光洁明净。

开斋节
伊斯兰教历10月1日
又称"肉孜"节(波斯语音译,意为
"斋戒")。伊斯兰教规定,教历9月斋
戒一月,斋月最后一天寻找新月,见
月的次日开斋。即为开斋节,并举行
会礼和庆祝活动。

宰牲节
伊斯兰教历12月10日
又称"古尔邦"节,即朝觐者在麦加活动的最后一天,每
逢这一节日,穆斯林沐浴盛装,到各清真寺举行会礼,互
相拜会。宰牛、羊、骆驼,除了自食以外,互相馈赠,或
送给清真寺。

柳州清真寺

位于柳州市公园路6号。始建于清康熙十二年（1673年），寺址选在当时的提督府衙门附近。原寺占地面积3亩多，分前后两院。咸丰七年（1857年）该寺毁于战火，光绪四年（1878年）按初建时相同规模形制重修。现该寺部分划归民族小学。

广西著名清真寺

❶ 南宁清真寺(南宁市新华路25号)
❷ 桂林清真古寺(桂林市民族路桃花江畔)
❸ 码坪清真大寺(桂林市七星公园内)
❹ 西巷清真寺(桂林市正阳路西巷)
❺ 旧村清真寺(桂林市临桂县)
❻ 两江清真寺(桂林市临桂县)
❼ 五通清真寺(桂林市临桂县)
❽ 山尾清真寺(桂林市临桂县)
❾ 六塘清真寺(桂林市临桂县)
❿ 永福城清真寺(桂林市永福县)
⓫ 苏桥清真寺(桂林市永福县)
⓬ 罗锦清真寺(桂林市永福县)
⓭ 灵川县大圩清真寺(桂林市灵川县)
⓮ 柳州清真寺(柳州市公园路6号)
⓯ 鹿寨县清真寺(柳州市鹿寨县)
⓰ 黄冕清真寺(柳州市鹿寨县)
⓱ 平乐清真寺(桂林市平乐县)
⓲ 百色清真寺(百色市中华街)

桂林码坪清真大寺

位于桂林市七星公园内。始建于清康熙十年（1671年），工程于次年完工。当时建造的清真寺为一典型四合院式建筑。1944年桂林沦陷时，该寺被日军整个焚毁。1948年进行了简单重修。1959年开辟七星公园时，该寺被圈入公园内。1985—1987年重新建造。现该寺为一座中国传统建筑与阿拉伯建筑风格相结合的建筑，主要建筑有大殿、宣礼楼、宿舍、净水堂等。

广西位置与距离参考图

首府：南宁

三亚回辉清真古寺

HUIHUI MOSQUE

三亚市重点文物保护单位

位置图

华南地区 海南省

概况 位于海南省三亚市羊栏镇回辉乡，距三亚市区约6公里。据记载，回民先祖约在宋元之间从占城（今越南平定省一带）驾舟到此聚族而居，后演变为回辉村，取重振回族光辉之意。寺名也因此而来。该寺始建于明成化六年（1470年）。现为三亚市重点文物保护单位，三亚市伊斯兰教协会设此。

导游 三亚回辉清真古寺现占地2.9亩，建筑面积900平方米，寺内环境优美，雄伟庄严。设有讲堂、诵经室、沐浴室、招待所。大殿建筑面积500平方米，为中西合璧式建筑形式。寺内现存清乾隆十八年（1763年）"正堂禁碑"一块。碑高150厘米，宽55厘米，是三亚市回族多年以来发现的唯一用汉文刻记并保留下来的珍贵文物。

资料 三亚市回族主要居住在三亚羊栏镇的回辉村和回新村，三亚的回民是糅合当地黎语、迈话方言和原民族语言的一种方言，不同于海南话，而与沙特阿拉伯语音颇为相似，现被定名为"回辉话"。

华南地区著名清真寺分布图

❶ 肇庆城西清真寺
❷ 桂林清真古寺
❸ 三亚回辉清真古寺
❹ 福州清真寺
❺ 九龙清真寺
❻ 台北清真大寺

伊斯兰教三大圣地 TOP3 MOSLEM LAND

麦加 [禁寺] MECCA
麦地那 [先知寺] MEDINA
耶路撒冷 [远寺] JERUSALEM

旅游指南(TOUR GUIDE)

地　　址：中国海南省三亚市
邮　　编：572000
电　　话：86-0898-88268454（旅游咨询）
开放时间：全天

旅游交通信息（TOUR INFO）

航空机场：三亚凤凰机场
铁路车站：
公　　路：国道223、224、225、
　　　　　高速公路环岛西线、中线、东线
水路码头：

海南省

海口

导游图（TOUR MAP）

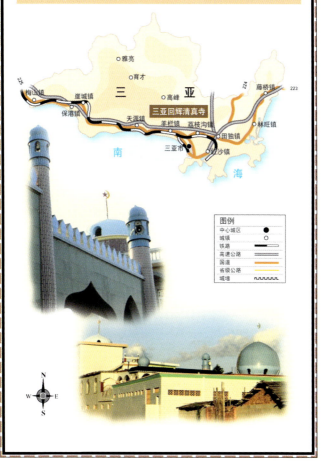

雅亮

育才

三　亚

高峰

梅山镇

崖城镇

天涯镇

保港镇

羊栏镇　荔枝沟镇

三亚回辉清真寺

田独镇

三亚市

红沙镇

藤桥镇

林旺镇

224

223

225

南

海

图例

中心城区 ●
城镇 ○
铁路
高速公路
国道
省级公路
城墙

海南著名清真寺分布
HAINAN

位置图 (LOCATOR MAP)

海南省简称"琼",面积约3.4万平方公里,居中国全部34省级行政区划排名第29位,人口819万,居第29位。辖2个地市,20个县级区划,220个乡镇区划,省会海口市。国家级重点文物保护单位42处。

三亚南开清真寺
位于三亚市羊栏镇,建于1978年。

临高县

儋州市

昌江　　白沙

东方市

N
W　E
S

乐东　　五指山市

保亭

三亚市

三亚市清真南寺
位于三亚市羊栏镇回新乡,为三亚市六座寺中规模较大的一座。始建于明代中期。抗日战争期间被日军炸平,后移至三亚湾附近重建。"文革"中被拆除。1980年以后陆续重建。该寺为三亚市所辟旅游点,已接待苏丹、沙特阿拉伯、伊朗、巴基斯坦等国穆斯林。现寺占地面积1.8亩,建筑总面积800平方米,其中大殿200平方米,为中阿相结合式现代化建筑。

开斋节
伊斯兰教历10月1日
又称"肉孜"节(波斯语音译)。意为"断斋"。教法规定,教历9月斋戒一月,直到最后一天得见新月,见月的次日开斋,即为开斋节,并举行会礼和庆祝活动。

宰牲节
伊斯兰教历12月10日
又称"古尔邦"节,即朝觐者在麦加活动的最后一天。每逢这一节日,穆斯林沐浴盛装,到各清真寺举行会礼,互相拜会。宰牛、羊、骆驼,除了自食以外,互相馈赠,或送清真寺。

三亚市清真北寺

位于三亚市羊栏镇回新乡，为羊栏镇四座古清真寺之一。始建于明成化二十七年（1419年）。寺内主体建筑礼拜大殿面积约400平方米，为古典庑殿式建筑。殿内的正梁上刻有《古兰经》节选。

海南著名清真寺

❶ 海口清真寺(海口市)
❷ 清真古寺(三亚市羊栏镇回辉乡东寺)
❸ 清真北寺(三亚市羊栏镇回新乡)
❹ 清真新寺(三亚市羊栏镇回辉乡)
❺ 清真西寺(三亚市羊栏镇回新乡)
❻ 清真南寺(三亚市羊栏镇回新乡)
❼ 南开清真寺(三亚市羊栏镇回新乡)

海南位置与距离参考图

圣纪（圣忌）
伊斯兰教历3月12日
圣纪是穆罕默德的诞生日，圣忌是穆罕默德的逝世日。相传穆罕默德诞生于公元571年4月20日(教历3月12日)，逝世于公元632年的4月20日。

登霄节
伊斯兰教历7月17日
传说穆罕默德52岁时，在教历7月17日的夜晚，由天使哲布勒伊来陪同。从麦加到耶路撒冷，又从那里"登霄"，遨游七重天，见到了古代先知和天国。火景等，黎明时返回麦地。

盖得尔夜
伊斯兰教历9月27日
也称"平安之夜"，传说安拉于该夜通过哲布勒伊来天使开始颁降《古兰经》。据《古兰经》载，该夜作一件善功胜过平时一千个月的善功。

福州清真寺

FUZHOU MOSQUE

福州市重点文物保护单位

概况 位于福建省福州市 817 北路 204 号。五代时为闽王王继鹏的太平宫，后晋天福元年（936 年）改为万寿院佛寺。元朝至正年间改为伊斯兰教清真寺，又名真教寺。明嘉靖二十年（1541 年）毁于火灾，当年冬开始重建。由当时侨居福州的古里国（印度卡利卡特）使臣葛卜满的后裔葛文明主持重建，历时 9 年完成。现存清真寺基本维持嘉靖重建时的风貌。福州清真寺是福州唯一的清真大寺，现为福州市重点文物保护单位。

导游 清真寺占地约 3.5 亩，总建筑面积 1800 平方米。寺院坐西向东，为三进式中国古典式院落，布局精巧，气势宏大。大殿面积 400 平方米，为单檐五脊宫殿式，纵阔均为五间，呈正方形，外有木栏庑廊，前有华表，左右两厢为茶厅、厨舍等。殿外庑廊竖有明代石碑两方，一碑为明永乐五年（1407 年）保护伊斯兰教的圣谕；另一碑为嘉靖二十八年（1549 年）《重建清真寺记》碑文记载，该寺初建于唐贞观二年（628 年），但已无据可考。

位置图

华南地区 福建省

华南地区著名清真寺分布图

❶ 肇庆城西清真寺
❷ 桂林清真古寺
❸ 三亚回辉清真古寺
❹ 福州清真寺
❺ 九龙清真寺
❻ 台北清真大寺

伊斯兰教三大圣地 TOP3 MOSLEM LAND

麦加 [禁寺] MECCA

麦地那 [先知寺] MEDINA

耶路撒冷 [远寺] JERUSALEM

旅游指南 (TOUR GUIDE)

地　　址：中国福建省福州市
邮　　编：350001
电　　话：86-0591-5330119（旅游咨询）
开放时间：全天

福建省

旅游交通信息 （TOUR INFO）

航空机场：福州长乐机场
铁路车站：福州火车站
公　　路：国道104、316、324、
　　　　　高速公路阿三
水路码头：福州港

导游图 （TOUR MAP）

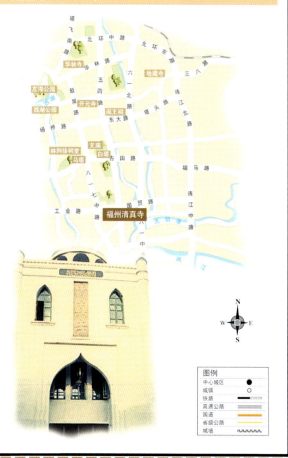

图例

中心城区	●
城镇	○
铁路	
高速公路	
国道	
省级公路	
城墙	

福建著名清真寺分布
FUJIAN

福建省简称"闽",面积约12万平方公里,居中国全部34省级行政区划排名第23位,人口3385万,居第18位。辖9个地市,85个县级区划,1101个乡镇区划,省会福州市。国家级重点文物保护单位85处。

陈埭清真寺

位于晋江市陈埭镇岸兜村。这里自元末迁入的丁氏回族,因和种原因,一直隐瞒其族属和宗教信仰,他们为了宗教信仰,将家族祠堂建成"回"字形,暗地里进行礼拜。1949年初,丁氏回族将四境村的文昌宫改建为清真寺,1978年以陈埭镇回族事务委员会办公楼二楼作为礼拜之处,但其后仍改于丁氏宗祠后厅。1991年建成新寺。

该寺建筑总面积494平方米,其中大殿建筑面积325平方米。

三明市

龙岩市

福建位置与距离参考图

省会:福州

邵武市清真寺

位于邵武市和平巷13号。始建于元代,后被毁,明洪武二年(1369年)重建。该清真寺占地面积3亩,建筑总面积883平方米,其中大殿建筑面积140平方米。整个寺院为宫殿式,大门内通道后端建有望月楼一座。该寺为邵武市文物保护单位,市伊斯兰教协会和市回民协会均设于此。

开斋节
伊斯兰教历10月1日

又称"肉孜"节(波斯语音译,意为"斋戒")。教法规定,伊斯兰教历9月斋戒一月,斋月最后一天寻看新月,见月的次日开斋,即为开斋节,并举行会礼和庆祝活动。

宰牲节
伊斯兰教历12月10日

又称"古尔邦"节,即朝觐者在麦加活动的最后一天,每逢这一节日,穆斯林沐浴盛装,到各清真寺举行会礼,互相拜会,宰牛、羊、骆驼,除了自食以外,互相馈赠,或送给清真寺。

福建著名清真寺

❶ 福州清真寺(福州市 817 北路)
❷ 泉州清净寺(泉州市)
❸ 泉州伊斯兰教圣墓(泉州市)
❹ 泉州圣友寺(泉州市涂门街)
❺ 陈埭清真寺(泉州晋江市陈埭镇岸兜村)
❻ 邵武清真寺(南平邵武市)

伊斯兰教圣墓

位于泉州东门外灵山南麓。据记载,唐武德年间(618－626年),伊斯兰教创始人穆罕默德派弟子4人来华传教,其第三、第四两个弟子到泉州,死后葬在这里。葬后屡显灵异,故称圣墓,山称灵山。现存两墓并列,墓盖用花岗岩雕刻,墓后倚山建马蹄形回廊,高约3米,回廊中的几根石柱似织布的梭子,具有典型的唐代建筑特色。墓前方有"风动石",为一天然巨石,风吹跃动,手推能晃。是古泉州著名八景之一,称为"玉球风动"。伊斯兰教圣墓是泉州古代海外交通和伊斯兰教传播的重要史迹。现为全国重点文物保护单位。

圣纪(圣忌)

伊斯兰教历3月12日

圣纪是穆罕默德的诞生日,圣忌是穆罕默德的逝世日。相传穆罕默德诞生于公元571年4月20日(教历3月12日),逝世于公元632年的4月20日。

登霄节

伊斯兰教历7月17日

传说穆罕默德52岁时,在教历7月17日的夜晚,由天使等布勒听来唤同,从麦加到耶路撒冷,又从那里"登霄",遨游七重天。见到了古代先知和天国,火狱等,黎明时返回麦加。

盖得尔夜

伊斯兰教历9月27日

也称"平安之夜"。传说安拉在这夜通过托钵勒安使天使甘始颁降《古兰经》,授《古兰经》载,读夜作一件善功的当于一千个月的善功。

火把节

九龙清真寺

KOWLOON MOSQUE

香港著名清真寺

位置图

概况 位于香港九龙半岛南端尖沙嘴弥敦道九龙公园东南面，又称"九龙寺"。始建于清光绪二十二年（1896年），由当时英属印度驻军中的穆斯林军人主持兴建，光绪二十八年（1902年）重修，1980—1984年间再建。该寺目前为东南亚地区最宏大的清真寺之一。

导游 九龙清真寺现占地2.5亩，平面呈正方形，全寺以白色大理石建成。楼高4层，有一直径5米、高9米的阿拉伯式桃形大圆顶，四角为11米高尖塔（叫拜楼）。底层为大礼堂，内设图书馆、会议室、《古兰经》研究室及青年文化进修中心；二楼为礼拜殿，可容纳近千人礼拜；三楼为妇女礼拜殿，可供2000余人礼拜聚会。清真寺拱形的门框和窗栅均相当精致，富有现代阿拉伯伊斯兰建筑特色。

资料 19世纪初，英国统治下的香港，越来越多来自印度的回教徒进入香港，随着越来越多英国驻军中的回教徒在九龙半岛驻守，为方便其宗教活动，便在九龙修建了清真寺。

华南地区著名清真寺分布图

❶ 肇庆城西清真寺
❷ 桂林清真古寺
❸ 三亚回辉清真古寺
❹ 福州清真寺
❺ 九龙清真寺
❻ 台北清真大寺

伊斯兰教三大圣地 TOP3 MOSLEM LAND

麦加 [禁寺] MECCA

麦地那 [先知寺] MEDINA

耶路撒冷 [远寺] JERUSALEM

旅游指南(TOUR GUIDE)

地　　址：中国香港尖沙咀
邮　　编：
电　　话：00852-28062823（香港旅游发展局旅游咨询）
开放时间：全天

香港

旅游交通信息（TOUR INFO）

航空机场：香港国际机场
铁路车站：九龙火车站
公　　路：高速公路港九
水路码头：香港海运

导游图（TOUR MAP）

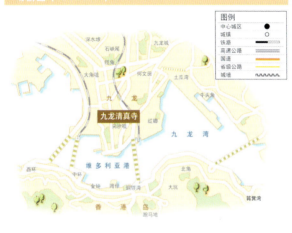

图例
中心城区 ●
城镇 ○
铁路
高速公路
国道
省级公路
城墙

九龙清真寺

港澳著名清真寺分布
HONG KONG & MACAU

香港特别行政区简称"港",面积约1104平方公里,居中国全部34省级行政区划排名第33位,人口699万,居第30位。辖18个区划。澳门特别行政区简称"澳",面积约27.5平方公里,居中国全部34省级行政区划排名第34位,人口49万,居第34位,辖5个区划。

香港些利街清真寺
位于香港些利街30号,曾称"些利街回教堂"。始建于1890年,由100多名香港穆斯林集资兴建。1905年印度孟买穆斯林慈善家伊斯哈格出资重建。1945年以后改名为"些利街回教清真礼拜总堂"。该清真寺是一座阿拉伯式建筑,小巧玲珑,宁静幽雅。

元朗区

屯门区

荃湾区

葵青区

离岛区

中

大小净
回族人喜洁净,有洗大小净的习俗。"小净"要洗脸、洗手、洗脚,还要漱口、呛鼻、净下。大净就是洗全身。小净有时一天洗几次,做小净不用脸盆,而是用"汤瓶",因为在穆斯林看来,用过的水是不洁净的,所以要用"汤瓶"打来流动的水。

开斋节
伊斯兰教历10月1日
又称"肉孜"节(波斯语音译,意为"斋戒")。教法规定,教历9月斋戒一月,斋月最后一天寻看新月,见月的次日开斋。即为开斋节,并举行会礼和庆祝活动。

宰牲节
伊斯兰教历12月10日
又称"古尔邦"节,即朝觐者在麦加活动的最后一天,每逢这一节日,穆斯林沐浴盛装,到各清真寺举行会礼,相互敬。宰牛、羊、骆驼,除了自食以外,互相馈赠,或送给清真寺。

伊斯兰教在澳门有400多年的历史。16世纪澳门开埠时，亚非地区的阿拉伯人将伊斯兰教引进澳门，并盛极一时。后来随着澳门贸易地位的衰落，阿拉伯商人渐渐离去，信仰回教的人便大大减少。但每星期都有数十名伊斯兰教徒在市区北面水塘侧的清真寺做礼拜，这里也是伊斯兰墓地。

香港著名清真寺

1 香港九龙清真寺
2 香港林士德伊斯兰教中心
3 香港些利街清真寺
4 香港爱群道清真寺
5 香港柴湾回教坟场礼拜殿
6 香港九龙清真寺
7 香港跑马地坟场
8 香港幸福谷回教坟场
9 香港柴湾回教坟场
10 澳门回教协会

澳门古迹分布图

圣纪（圣忌）
伊斯兰教历3月12日

圣纪是穆罕默德的诞生日，圣忌是穆罕默德的逝世日。相传穆罕默德诞生于公元571年4月20日（教历3月12日），逝世于公元632年的4月20日。

登霄节
伊斯兰教历7月17日

传说穆罕默德52岁时，在教历7月17日的夜晚，由天使布勒伊苏陪同，从麦加到耶路撒冷，又从那里"登霄"，遨游七重天，见到了古代先知和天国、火狱等。黎明时返回麦加。

盖得尔夜
伊斯兰教历9月27日

也称"平安之夜"，传说安拉于该夜通过天使布勒伊苏开始颁降《古兰经》。据《古兰经》载，该夜作一件善功胜过平时一千个月的善功。

台北清真大寺

TAIPEI MOSQUE

台湾重点文物古迹

位置图

华南地区 台湾省

概况 位于台湾省台北市新生南路二段62号，始建于1918年以后，原寺址不详。1948年春，由穆斯林商人将台北丽水大街17巷2号一幢日式房屋捐作清真寺，称台北清真大寺。1958年在现址重建。台湾"中国回教协会"和"中国回教文化教育基金会"设于该寺内。

导游 台北清真大寺是一座具有伊斯兰建筑风格的寺院，占地面积1.5亩，寺院坐西向东。入大门拾级而上，是三个拱形门洞，门内为南北相通的拱形门洞式甬道，经甬道入内是高大的拱形门楼，两座穹隆圆顶在门楼两侧相对屹立，楼顶为东西长方形平台，气势宏伟的穹隆大圆顶坐落在平台上，清真寺前北内院建有对称的两座高耸入云的宣礼塔，塔内设梯道，可供登临。寺内主体建筑为礼拜大殿，可容1000余人同时礼拜，宽敞明亮。寺内还建有贵宾室、教长室、办公室、净水房以及可容纳400人的大厅。

华南地区著名清真寺分布图

1 肇庆城西清真寺
2 桂林清真古寺
3 三亚回辉清真古寺
4 福州清真寺
5 九龙清真寺
6 台北清真大寺

福建
台湾
广西
广东
香港
澳门
海南

伊斯兰教三大圣地 TOP3 MOSLEM LAND

MECCA 麦加 [禁寺]

MEDINA 麦地那 [先知寺]

JERUSALEM 耶路撒冷 [远寺]

旅游指南(TOUR GUIDE)

地　　址：中国台湾省台北市
邮　　编：
电　　话：(0086-2-7173737 (咨询电话)
开放时间：全天

台湾省

旅游交通信息 (TOUR INFO)

航空机场：台北中正机场、台北松山机场
铁路车站：台北火车站
公　　路：高速公路中山
水路码头：基隆港

导游图 (TOUR MAP)

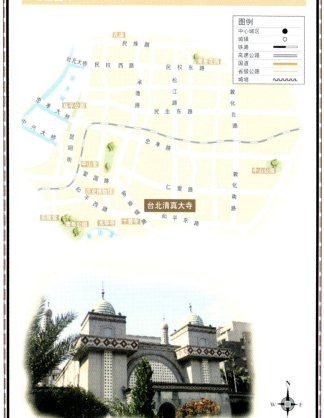

图例
中心城区 ●
城镇 ○
铁路
高速公路
国道
省级公路
城墙

台北清真大寺

N
W　E
S

台湾著名清真寺分布
TAIWAN

台湾省简称"台",面积约3.6万平方公里,居中国全部34省级行政区划排名第28位,人口2300万,居第24位。辖7个市,16个县,首府台北市。

台湾位置与距离参考图

首府:台北

龙岗清真寺

嘉义市

台南市

高雄市

东海

基隆市
台北市

开斋节
伊斯兰教历10月1日
又称"肉孜"节(波斯语音译,意为"斋戒")。教法规定,教历9月斋戒一月,斋月最后一天寻看新月,见月的次日开斋。即为开斋节,并举行会礼和庆祝活动。

宰牲节
伊斯兰教历12月10日
又称"古尔邦"节,即朝觐者在麦加活动的最后一天,每逢这一节日,穆斯林沐浴盛装,到各清真寺举行会礼,互相拜会,宰牛、羊、骆驼,除了自食以外,互相馈赠,或送给清真寺。

东海

基隆港

淡水港

基隆市

台北市

东海

宜兰

新竹市

苏澳港

花莲

日月潭

花莲港

台东

食东港

南湾

台湾著名清真寺
❶ 台北清真大寺(台北市)
❷ 台北文化清真寺(台北市)
❸ 台中清真寺(台中市)
❹ 高雄清真寺(高雄市)
❹ 龙岗清真寺(中坜市)

台北文化清真寺

台湾高雄清真寺

位于高雄市劳雅区建军路,简称高雄寺。建于1949年1月,当时为临时清真寺。1951年迁至林森一路196号一座日式木结构建筑寺院内。1990年在现址重建新寺,1992年建成。现寺占地面积约0.5亩,为三层楼房建筑,另有地下一层。地上一楼为穆斯林活动中心,二楼为礼拜大殿和阿拉伯语、教义补习班,三楼为穆斯林妇女礼拜殿和穆斯林孤寡老人安居室。

圣纪(圣忌)
伊斯兰教历3月12日
圣纪是穆罕默德的诞生日,圣忌是穆罕默德的逝世日。相传穆罕默德诞生于公元571年4月20日(教历3月12日),逝世于公元632年的4月20日。

登霄节
伊斯兰教历7月17日
传说穆罕默德52岁时,在教历7月17日的夜晚。由天使领布勒伊来陪同,从麦加到耶路撒冷,又从那里"登霄",渡游七重天,见到了古战先知和天国,火狱等。黎明时返回麦加。

盖得尔夜
伊斯兰教历9月27日
也称"平安之夜"。传说安拉于该夜通过祝布勒伊来天使开始颁降《古兰经》,据《古兰经》载,该夜作一件善功胜过平时一千个月的善功。

西南地区

SOUTHWEST CHINA

西南清真寺分布
SOUTHWEST CHINA

西南指中国西南4个省级行政区划地域，直辖市重庆简称渝；四川省简称川，省会成都；贵州省简称黔，省会贵阳；云南省简称滇，省会昆明。西南地区总面积约114万平方公里，占中国12%国土面积。境内云贵高原是珠江的发源地，四川盆地为世界珍稀动物大熊猫的重要栖息地。

皇城清真寺
位于四川省成都市天府广场西侧，是四川最大的清真古寺。四川省伊斯兰教协会、成都市伊斯兰教协会均设立于此。

贵阳清真寺
位于贵州省贵阳市夏状元街，始建于雍正二年(1724年)，是贵阳市唯一的一座清真寺。

西南著名清真寺

❶ 渝中清真寺 （PP.210-211）
❷ 皇城清真寺 （PP.214-215）
❸ 贵阳清真寺 （PP.218-219）
❹ 顺城街清真寺 （PP.222-223）

顺城街清真寺
位于云南省昆明市顺城街敦仁巷，始建于明
洪熙元年(1425年)，为全国著名清真寺之一。

渝中清真寺
位于重庆市渝中区中兴路。始建
于明万历年间，原分三寺，此处为
原西寺，另有南寺（今重庆剧场）、
北寺（今江北区域内），后三寺合
并。现为重庆市伊斯兰教协会所
在地。

西南位置与距离参考图

（距离单位：公里）

渝中清真寺

YUZHONG MOSQUE

重庆市重点文物保护单位

位置图

西南地区 重庆

概况 位于重庆市渝中区中兴路5号穆斯林大厦。始建于明万历年间，由旅居此地的河南回族倡议修建。原分三寺，中兴路寺院为西寺，另有南寺（今重庆剧场）、北寺（今江北区域内）。1940年南寺被日机炸毁，1942年修复。之后，南北两寺并入西寺。该寺现为重庆市伊斯兰教协会所在地。

导游 穆斯林大厦是一幢多功能综合性大厦，集宗教活动场所、清真餐饮、写字间、宾馆、商场等为一体。整幢大厦具有阿拉伯建筑风格，屋顶为阿拉伯式绿色圆顶，上矗立新月标志，周围是四座邦克楼。礼拜大殿位于大厦顶层，面积300平方米。殿堂内粉墙银光，色彩和谐，气氛肃穆。大殿全用绿色地毯铺垫，妇女礼拜处用屏风隔开。四周采用钢梁支撑，殿中空间无柱头遮挡；大型窗户绿色帷幕垂吊；正中建拱型壁龛，用阿拉伯文恭写《忠诚章》；右侧米黄色虎图白楼一座，旁边放置经书和大香炉；加以壁灯和吊灯的装饰，每逢斋月节日，教友聚此祈祷诵经。每周星期五为"聚礼"日。

西南地区著名清真寺分布图

❶ 渝中清真寺
❷ 皇城清真寺
❸ 贵阳清真寺
❹ 顺城街清真寺

四川

重庆 ❶
❷ 四川

❸ 贵州

云南 ❹

伊斯兰教三大圣地 TOP3 MOSLEM LAND

麦加 [禁寺] MECCA

麦地那 [先知寺] MEDINA

耶路撒冷 [远寺] JERUSALEM

旅游指南(TOUR GUIDE)

地　　址：中国重庆市渝中区
邮　　编：400010
电　　话：86-（023-89033071（旅游咨询）
开放时间：全天

旅游交通信息（TOUR INFO）

航空机场：重庆江北机场
铁路车站：重庆火车站
公　　路：国道210、212、319，
　　　　　高速公路沪蓉（成渝）、渝遂
水路码头：长江水运

重庆

导游图（TOUR MAP）

渝中清真寺

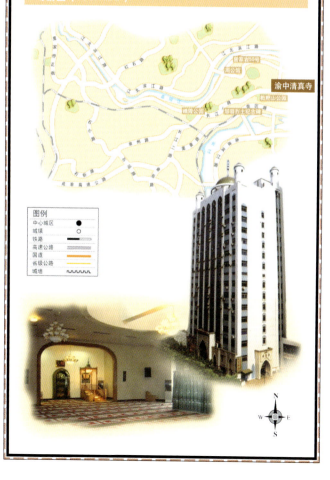

图例
中心城区	●
城镇	○
铁路	
高速公路	
国道	
省级公路	
城墙	

重庆著名清真寺分布
CHONGQING

位 置 图 (LOCATOR MAP)

重庆市简称"渝",面积约8.2万平方公里,居中国全部34省级行政区划排名第26位,人口3169万,居第20位。辖40个区县,共有1022个乡镇区划,市府位于渝中区人民路232号。国家级重点文物保护单位20处。

万县清真寺

位于万县市三马路,始建于清道光年间,是万州地区伊斯兰教同胞和回民聚会的唯一场所。该寺为中西结合式建筑结构,寺内建筑因山城地势而起,两边厢房对称均匀,大殿建筑面积186平方米。殿前有"邦克楼",殿后是三层砖木结构的伊斯兰师范教学楼。寺内现存"无极之真"、"独一无二"、"万化归真"等匾额。

中心城区
渝中区、大渡口区、
江北区、沙坪坝区、
九龙坡区、南岸区、
北碚区、万盛区、
双桥区、渝北区、
巴南区

合川清真寺

位于合川区合阳镇清竹湾。始建于清乾隆十二年(1747年),咸丰元年(1851年)修建。1940年被日本飞机炸毁后重新修建。现该寺礼拜殿外观壮丽,前有抱厦,后有窑殿,大圆屋顶上有新月标志,具有浓郁的伊斯兰建筑风格,面积50余平方米。寺内还建有会议室和沐浴室等。

文化节日

开斋节
伊斯兰教历10月1日
又称"肉孜"节(波斯语音译,意为"斋戒"),教法规定,教历9月斋戒一月。斋月最后一天将看新月,见月的次日开斋,即为开斋节,并举行会礼和庆祝活动。

宰牲节
伊斯兰教历12月10日
又称"古尔邦"节,即朝觐者在麦加活动的最后一天,每逢这一节日,穆斯林沐浴盛装,到各清真寺举行会礼,互相拜会。宰牛、羊、骆驼,除了自食以外,互相馈赠,或送给清真寺。

重庆著名清真寺

❶ 重庆清真寺(渝中区)
❷ 杨家坪清真寺(九龙坡区)
❸ 荣昌清真寺(荣昌县)
❹ 万州清真寺(万州区)
❺ 奉节清真寺(奉节县)
❻ 开县清真寺(开县)
❼ 云阳清真寺(云阳县)
❽ 合川清真寺(合川区合阳镇)

奉节清真寺

位于奉节县人民路一巷20号,地处回民聚居地,原名清真西寺。该寺大约始建于元代,明洪武二年(1369年)三次重修,清乾隆五十一年(1786年)扩建。1939年被日军飞机炸毁,仅存大殿。现已修缮一新。整个寺院地势平坦,坐东朝西,占地2.7亩,建筑面积618平方米。主体建筑仍以礼拜大殿为主。

重庆位置与距离参考图

重庆市一中心城区

圣纪(圣忌)

伊斯兰教历3月12日

圣纪是穆罕默德的诞生日、圣忌是穆罕默德的逝世日。根据传穆罕默德诞生于公元571年4月20日(教历3月12日),逝世于公元632年的4月20日。

登霄节

伊斯兰教历7月17日

传说穆罕默德52岁时,在教历7月17日的夜晚。由天使赞布勒带来陪同,从麦加到耶路撒冷,又从那里"登霄",直游七重天,见到了古代先知和天国,火狱等,黎明时返回麦加。

盖得尔夜

伊斯兰教历9月27日

也称"平安之夜"。传说安拉于这夜通过天使布勒伊米天使开始频降《古兰经》,据《古兰经》载,该夜作一件善功胜过平时一千个月的善功。

皇城清真寺
HUANGCHENG MOSQUE

成都市重点文物保护单位

位置图

西南地区 四川省

概况 位于四川省成都市天府广场西侧，因临原明蜀王宫护城（习称皇城），故名皇城寺。关于该寺的始建年代，说法不一。民间传说该寺始建于明代中叶；据资料记载，该寺建于清康熙五年（1666年）；另有说法为清初云南人契巴巴捐款修建。1997年修建天府广场时，将清真寺迁建于原寺以西50米、以南60米处的现址处。皇城清真寺是四川最大的清真古寺。四川省伊斯兰教协会、成都市伊斯兰教协会均设立于此。

导游 新建的皇城清真寺现已成为成都天府广场一大景观。该建筑坐西向东，占地面积超过6亩，建筑面积约5600平方米，布局为四合院厢房建筑，融阿拉伯建筑风格与仿明清建筑风格为一体，寺内建筑共分四层，院院相套，错落有致。其主要建筑有照壁、寺门、经书楼、讲经堂、浴室、礼拜大殿、殡葬室、花园、寺房等。大门上方悬挂着"皇城清真寺"牌匾，礼拜大殿上下两层。寺内经书楼保存着不少阿拉伯文和汉文的伊斯兰教经书刻板。

西南地区著名清真寺分布图

❶ 渝中清真寺
❷ 皇城清真寺
❸ 贵阳清真寺
❹ 顺城街清真寺

伊斯兰教三大圣地 TOP3 MOSLEM LAND

麦加 [禁寺] MECCA

麦地那 [先知寺] MEDINA

耶路撒冷 [远寺] JERUSALEM

旅游指南(TOUR GUIDE)

地　　址：中国四川省成都市
邮　　编：610015
电　　话：86-028-87706026（咨询电话）
开放时间：全天

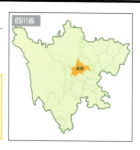
四川省

旅游交通信息（TOUR INFO）

航空机场：成都双流机场
铁路车站：成都火车站
公　　路：国道108、213、318.
　　　　　高速公路京昆、沪蓉（成渝）、成达、成泸
水路码头：

导游图（TOUR MAP）

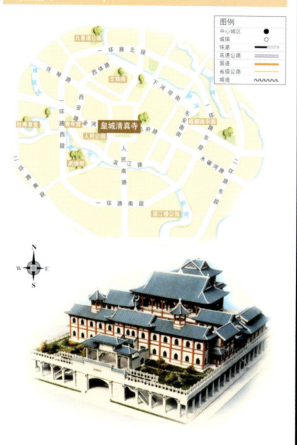

图例
中心城区　●
城镇　○
铁路
高速公路
国道
省级公路
城墙

四川著名清真寺分布
SICHUAN

四川省简称"川",面积约49万平方公里,居中国全部34省级行政区划排名第5位,人口8642万,居第3位。辖21个地市,181个县级区划,4660个乡镇级区划,省会成都市。国家级重点文物保护单位127处。

金川县城关清真寺

位于阿坝藏族羌族自治州金川县金川镇老街,地处有才巷与老街交会处。始建于清乾隆五十九年(1794年)。该寺占地2.5亩,建筑面积1200平方米,大殿建筑面积150平方米。1935年中国工农红军长征途中,这里是绥靖县回民苏维埃政府驻地,又是红军回民独立连连部。

四川位置与距离参考图

省会:成都

开斋节
伊斯兰教历10月1日

又称"肉孜"节(波斯语音译,意为"斋戒"),教法规定,教历9月斋戒一月,斋月后一天开始新月,见月的次日开斋,即为开斋节,并举行会礼和庆祝活动。

宰牲节
伊斯兰教历12月10日

又称"古尔邦"节,即朝觐者在麦加活动的最后一天,每逢这一节日,穆斯林沐浴盛装,到各清真寺举行会礼,互相拜会,宰牛、羊、骆驼,除了自食以外,互相馈赠,或送给清真寺。

叙永清真寺

位于泸州市叙永县城。叙永地处云贵川三省交会处，这里的回民大都来自西北各地，尤其以陕、甘、宁为最多。叙永清真寺始建于清乾隆二十年（1755年），乾隆二十年（1755年）落成。该寺占地近4亩，主要建筑有礼拜大殿、教室、礼堂、沐浴室、埋体房等，大门两边建有花园。因其历史悠久，规模宏大，故有"川南第一寺"的美称。

四川著名清真寺

1. 皇城清真寺(成都市西城区)
2. 唐家寺清真寺(成都市青白江区弥牟镇)
3. 郫筒清真寺(成都市郫县郫筒镇)
4. 新都清真寺(成都市新都县紫瑞街)
5. 清真虎家寺(成都市新都县龙虎乡)
6. 彭县清真寺(成都市彭县城关)
7. 都江堰清真寺(成都市都江堰市南街)
8. 龙安清真寺(绵阳市平武县龙安镇)
9. 达家坪清真寺(绵阳市盐亭县冯河乡)
10. 上河街清真寺(广元市上河街)
11. 阆中市巴巴寺(阆中市盘龙山)
12. 阆中市清真寺(阆中市礼拜寺街)
13. 鼓锣山清真寺(阆中市博树乡)
14. 沿口清真寺(广安市武胜县沿口镇)
15. 雅安市清真寺(雅安市县前街)
16. 叙永清真寺(泸州市叙永县城)
17. 泸州清真寺(泸州市小市镇)
18. 泸沽清真寺(凉山州冕宁县泸沽镇)
19. 阿坝清真寺(阿坝州阿坝县阿坝镇)
20. 城关清真寺(阿坝州金川县金川镇)
21. 康定清真寺(甘孜州康定县城)

阆中市巴巴寺

位于阆中市盘龙山。寺坐北向南，主要建筑包括前山门、照壁、砖洞门、牌坊、久照亭院、花庭院、庭房、小院、井房、坟亭园、后山门等。久照亭是寺寺的中心建筑，分上下两层，亭子中央是清代初年来这里传布伊斯兰教的阿补董喇希的墓。阿补董喇希是沙特阿拉伯麦加城人。他因仰慕先贤斡葛思的业绩，来中国传布伊斯兰教，先到青海，后到甘肃临夏，再到陕西汉中，最后于康熙二十三年（1684年）来到阆中。

圣纪（圣忌）

伊斯兰教历3月12日

圣纪是穆罕默德的诞生日，圣忌是穆罕默德的逝世日。相传穆罕默德诞生于公元571年4月20日（教历3月12日），逝世于公元632年的4月20日。

登霄节

伊斯兰教历7月17日

传说穆罕默德52岁时，在教历7月17日的夜晚，由天使哲布勒伊来陪同，从麦加到耶路撒冷，又从那里"登宵"，遨游七重天，见到了古此先知和天国、火狱等，黎明时返回麦加城。

盖得尔夜

伊斯兰教历9月27日

也称"平安之夜"。传说安拉于这夜通过扫布勒伊来天使开始照降《古兰经》，据《古兰经》载，这夜作一件善功胜过平时一千个月的善功。

贵阳清真寺
GUIYANG MOSQUE

贵阳市重点文物保护单位

概况 位于贵州省贵阳市夏状元街，据记载，该寺始建于雍正二年（1724年），道光十七年（1837年）重修。为贵阳市唯一的一座清真寺，现在是贵阳市重点文物保护单位。

位置图

西南地区 贵州省

导游 清真寺现建筑总面积630平方米，寺的大门与二门相距约30米，两道门均为牌楼式建筑。大门正中竖石碑一块，上刻"清真寺"三字，左右两侧石方柱上刻一联："清净中孚，恒系同人而集福；真诚无妄，咸歌大有以延麻。"二门左右两侧为雕花条石砌成，中竖石碑一块，上刻阿拉伯文的《古兰经》。寺内的主体建筑礼拜大殿面积130平方米，采用中国传统建筑形式，覆琉璃瓦，分卷棚、正殿、窑殿三部分。大殿南侧有一幢五层楼房，建筑面积400平方米，内设沐浴室、教长室、办公室、保管室，并附设招待所。

西南地区著名清真寺分布图

❶ 渝中清真寺
❷ 皇城清真寺
❸ 贵阳清真寺
❹ 顺城街清真寺

伊斯兰教三大圣地 TOP3 MOSLEM LAND

麦加 [禁寺] MECCA

麦地那 [先知寺] MEDINA

耶路撒冷 [远寺] JERUSALEM

旅游指南(TOUR GUIDE)

地　　址：中国贵州省贵阳市
邮　　编：550001
电　　话：86-0851-6514607 (咨询电话)
开放时间：全天

贵州省

贵阳

旅游交通信息（TOUR INFO）

航空机场：贵阳龙洞堡机场
铁路车站：贵阳火车站
公　　路：国道210、320、321、
　　　　　高速公路沪瑞、渝湛、广成
水路码头：

导游图（TOUR MAP）

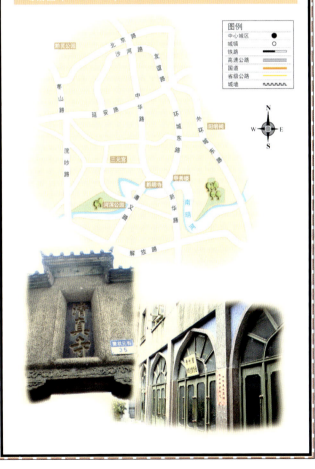

图例

中心城区　　●
城镇　　　　○
铁路
高速公路
国道
省级公路
城墙

贵州著名清真寺分布
GUIZHOU

贵州省简称"黔"，面积约18万平方公里，居中国全部34省级行政区划排名第16位，人口3868万，居第15位。辖9个地市，88个县级区划，1543个乡镇区划，省会贵阳市。国家级重点文物保护单位39处。

贵州位置与距离参考图

省会：贵阳

平坝清真寺

位于安顺市平坝县南街。始建于清光绪二十年（1894年），以后光绪二十五年（1899年）、光绪三十年（1904年）几次扩建始成为一座完整的清真寺。全寺占地面积3亩，建筑总面积1000余平方米。礼拜大殿为阿拉伯式建筑，建筑面积186平方米，屋顶一大四小绿圆拱顶美观大方。与大殿相辉映的是一幢三层楼房，为贵州省较为完整的清真寺之一。

遵义市

毕 节

六盘水市

安顺市

贵阳市

黔

黔西南

盘县大木桥清真寺

位于六盘水市盘县特区普田回族乡大木桥村。始建于清康熙年间（1662—1722年），咸丰八年（1858年），同治四年（1865年）重修并几经扩建。该寺融中国传统建筑与阿拉伯建筑风格为一体。全寺占地1.4亩，建筑总面积640平方米。礼拜大殿建筑面积144平方米。

贵州著名清真寺
❶ 贵阳清真寺(贵阳市夏状元街)
❷ 大木桥清真寺(六盘水市盘县)
❸ 燕子窝清真寺(六盘水市盘县)
❹ 平坝清真寺(安顺市平坝县南街)
❺ 贞丰县清真寺(黔西南州贞丰县)
❻ 青山清真寺(黔西南州普安县)
❼ 威宁城关清真寺(毕节)
❽ 嘎利银厂清真寺(毕节)
❾ 马坡清真寺(毕节威宁县)
❿ 双龙马家屯清真大寺(毕节)
⓫ 启戛清真寺(毕节威宁)
⓬ 大水井清真寺(毕节威宁县)
⓭ 妈撒近清真寺(毕节威宁县)
⓮ 戛利清真寺(毕节威宁县)
⓯ 小河沟清真寺(毕节威宁县)
⓰ 岩格清真寺(毕节威宁县)
⓱ 下坝清真寺(毕节威宁县)
⓲ 杨湾桥清真寺(毕节威宁县)
⓳ 杨湾桥清真南寺(毕节威宁县)

铜仁

黔东南

N
W E
S

青山清真寺

位于黔西南布依族苗族自治州普安县青山镇，是贵州省影响较大的清真寺之一。始建于1906年，1909年2月建成。该寺占地2.7亩，建筑面积778平方米，四周修有青色料石、白灰勾缝的围墙。整体布局由两个四合院组成，主要建筑有礼拜大殿、阿訇住宅、教室、浴室、殡仪室、客厅等。

圣纪（圣忌）

伊斯兰教历3月12日

圣纪是穆罕默德的诞生日，圣忌是穆罕默德的逝世日。相传穆罕默德诞生于公元571年4月20日(教历3月12日)，逝世于公元632年的4月20日。

登霄节

伊斯兰教历7月17日

传说穆罕默德52岁时，在教历7月17日的夜晚。由天使骑布勒伊来随同，从登加到耶路撒冷，又从那里"登宵"，遨游七重天，见到了古代先知和天国，火狱等，黎明时返回麦加。

盖得尔夜

伊斯兰教历9月27日

也称"平安之夜"。传说安拉于该夜通过折布勒伊来天使开始编降《古兰经》，据《古兰经》载，该夜作一件善功胜过平时一千个月的善功。

昆明顺城街清真寺

SHUNCHENGJIE MOSQUE

云南省重点文物保护单位

位置图

西南地区 云南省

概况 位于云南省昆明市顺城街敦仁巷，始建于明洪熙元年（1425年），清雍正、乾隆年间重修，道光初年扩建，咸丰六年（1856年）清军屠杀昆明回族，该寺也惨遭尽毁。光绪六年（1880年）教众集资重建。以后又历经多次的修建才成为现有规模。该寺为全国著名清真寺之一，昆明伊斯兰教经学院和云南省伊斯兰教会均设于此。

导游 现寺占地面积15亩，建筑布局合理。礼拜大殿约400余平方米，为歇山顶式木结构建筑，面阔五楹，纵深三进，穿花殿门工艺精湛，上悬"朝真殿"匾，典雅大方。大殿右侧对厅为新建四层楼房，建筑面积500平方米，上竖阿拉伯式宝顶。殿前南北厢房约240平方米。另有沐浴室、学生宿舍等上千平方米建筑。

资料 昆明城区较大的清真寺有：南城清真寺、顺城街清真寺、永宁清真寺、迤西公清真寺、金牛街清真寺、崇德清真寺等。

西南地区著名清真寺分布图

❶ 渝中清真寺
❷ 皇城清真寺
❸ 贵阳清真寺
❹ 顺城街清真寺

伊斯兰教三大圣地 TOP3 MOSLEM LAND

麦加 [禁寺] MECCA

麦地那 [先知寺] MEDINA

耶路撒冷 [远寺] JERUSALEM

旅游指南(TOUR GUIDE)

地　　址：中国云南省昆明市
邮　　编：650011
电　　话：86-0871-3164961（旅游咨询）
开放时间：全天

云南省

旅游交通信息（TOUR INFO）

航空机场：昆明巫家坝机场
铁路车站：昆明火车站
公　　路：国道108、213、320，
　　　　　高速公路福昆、兰磨、沪瑞
水路码头：

导游图（TOUR MAP）

图例
中心城区
城镇
铁路
高速公路
国道
省级公路
城墙

云南著名清真寺分布
YUNNAN

云南省简称"滇",面积约39万平方公里,居中国全部34省级行政区划排名第8位,人口4270万,居第13位。辖16个地市,129个县级区划,1368个乡镇区划,省会昆明市。国家级重点文物保护单位76处。

玉溪北城清真寺

位于玉溪市北城街。始建于1916年,全寺建筑面积超过1000平方米,大殿建筑面积120平方米。大殿为古典悬山式,南、北、东三面均为砖木结构二层楼,门窗及栏围全为木雕,与大殿形成一座封闭式四合院。

云南位置与距离参考图

省会:昆明

迪庆

丽江市

怒江

大理

楚

德宏

保山市

临沧市

思茅市

西双版纳

N
W · E
S

通海县城清真寺

位于玉溪市通海县城,为三层楼房式清真寺,寺楼顶建有阿拉伯式圆顶。

昭通八仙清真大寺

位于昭通市守望回族乡八仙营,又称昭威鲁清真古寺。始建于清雍正八年(1730年)。该寺坐落在一个小山包上,为完整的古建筑群落,建筑总面积1560平方米,主要建筑有礼拜大殿、叫拜楼、沐浴室、厢房、大门等。礼拜大殿为宫殿式,面积225平方米,殿顶双檐并覆盖蓝色琉璃瓦。

❶ 昆阳镇清真寺(昆明市晋宁县)
❷ 双龙湾村清真寺(昆明市晋宁县)
❸ 海口里仁清真寺(昆明市西山区)
❹ 马街清真寺(昆明市西山区)
❺ 保山清真寺(保山市)
❻ 动廷清真寺(保山市)
❼ 西山村清真寺(保山市施甸县)
❽ 腾城清真寺(保山市腾冲县)
❾ 宾居清真寺(大理州)
❿ 凤仪芝华清真寺(大理市)
⓫ 珂里庄清真寺(大理市)
⓬ 上兴庄清真寺(大理市)
⓭ 大理市芝华清真寺(大理市)
⓮ 大理五里桥清真寺(大理市)
⓯ 国果清真寺(大理市)
⓰ 鸡鸣清真寺(大理市)
⓱ 上北门清真寺(大理市)
⓲ 祥云县清真寺(大理市)
⓳ 潞西县芒市清真寺(德宏州)
⓴ 瑞丽清真寺(德宏州)
㉑ 白房子清真寺(红河州个旧市)
㉒ 泸西桃园清真寺(红河州)
㉓ 泸西县城清真寺(红河州)
㉔ 开远市羊街清真寺(红河州)
㉕ 蒙自清真寺(红河州)
㉖ 莲花塘清真寺(红河州)
㉗ 云县清真寺(临沧市)
㉘ 思茅市清真寺(思茅市)
㉙ 广南清真寺(文山州)
㉚ 文山清真寺(文山州)
㉛ 砚山松毛坡清真寺(文山州)
㉜ 勐海曼写清真寺(西双版纳州)
㉝ 下右所清真寺(玉溪市)
㉞ 文明清真寺(玉溪市)
㉟ 八方树清真寺(玉溪市)
㊱ 暮车清真寺(玉溪市)
㊲ 盘溪北门清真寺(玉溪市)
㊳ 通海县城清真寺(玉溪市)
㊳ 北城清真寺(玉溪市)
㊵ 东营清真寺(玉溪市)
㊶ 西营清真寺(玉溪市)
㊷ 陶家湾清真寺(昭通市)
㊸ 毛货街清真古寺(昭通市)
㊹ 牛角湾清真古寺(昭通市)
㊺ 鱼脊清真寺(昭通市)
㊻ 昭通东大寺(昭通市)

昭通市

曲靖市

昆明市

市

文山

工 河

圣纪(圣忌)
伊斯兰教历3月12日
圣纪是穆罕默德的诞生日。圣忌是穆罕默德的逝世日。相传穆罕默德诞生于公元571年4月20日(教历3月12日)。逝世于公元632年的4月20日。

登霄节
伊斯兰教历7月17日
传说穆罕默德52岁时,在教历7月17日的夜晚,由天使骑布勒伊奉天使伴随从,加到耶路撒冷,又从那里"登霄",遨游七重天,见到了古代先知和天国,火狱等,黎明时返回麦加。

盖得尔夜
伊斯兰教历9月27日
也称"平安之夜"。传说安拉于该夜通过哲布勒伊奉天使开始颁降《古兰经》。据《古兰经》载,在这夜做功胜过平时一千个月的善功。

（又） 火 饮 日

综合附录

ATTACHMENT

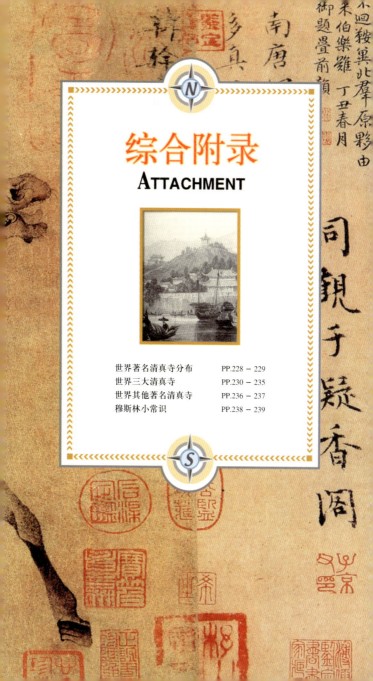

世界著名清真寺分布

阿富汗马扎里沙里夫大清真寺	马来西亚吉隆坡国家清真寺
乌兹别克斯坦塔什干列吉斯坦清真寺	马来西亚水上清真寺
乌兹别克斯坦布哈拉大清真寺	阿联酋优美拉赫清真寺
塔吉克斯坦卡迪·阿卜杜·拉什德清真寺	阿联酋迪拜莱美拉大清真寺
土库曼斯坦吉普恰克清真寺	阿联酋阿布扎比清真寺
吉尔吉斯斯坦卡拉苏伏大清真寺	科威特大清真寺
哈萨克斯坦阿扎木图清真寺	黎巴嫩贝鲁特穆罕默德·阿明清真寺
印度新德里贾玛清真寺	也门贾巴纳清真寺
巴基斯坦巴德夏希清真寺	也门萨那清真大寺
巴基斯坦拉合尔巴兹尔汗清真寺	也门亚丁清真寺
泰国中央清真寺	沙特阿拉伯库法大清真寺
印度尼西亚雅加达国家清真寺(独立)	沙特阿拉伯库法众会清真寺
印度尼西亚郑和清真寺	沙特阿拉伯法萨尔王清真寺
新加坡苏丹清真寺	沙特阿拉伯希贾兹地区的麦加城麦加禁寺 ❶
菲律宾马拉威城棉兰老伊斯兰中心清真寺	沙特阿拉伯麦地那日尼·纳加尔区先知寺 ❷
菲律宾杰米清真寺	巴勒斯坦耶路撒冷阿克萨清真寺(远寺) ❸

巴勒斯坦耶路撒冷圣殿山清真寺	阿尔及利亚特莱姆森清真寺
叙利亚大马士革倭马亚大清真寺	乌干达首都坎帕拉卡扎菲国家清真寺
叙利亚阿勒颇大清真寺	埃及阿斯大清真寺
伊拉克巴士拉清真寺	埃及开罗爱资哈尔大清真寺
伊拉克库氏清真寺	伊朗德黑兰霍梅尼清真寺
伊拉克巴格达曼苏尔大清真寺	伊朗德黑兰伊斯法罕城星期五清真寺
伊拉克巴格达喀西门大清真寺	伊朗伊斯法罕市伊玛姆皇家清真寺
伊拉克萨马拉大清真寺	伊朗马什哈德市古哈尔沙德大清真寺
阿曼马斯喀特大清真寺	土耳其苏丹·阿合麦特清真寺(蓝色清真寺)
阿曼卡布斯苏丹大清真寺	土耳其苏蕾曼清真寺
约旦安曼阿卜杜拉国王清真寺	俄罗斯喀山古尔-谢里夫大清真寺
摩洛哥马拉喀什库图比亚清真寺	俄罗斯古杰尔梅斯市亚玛达耶大清真寺
摩洛哥拉巴特哈桑清真寺	意大利罗马大清真寺
突尼斯凯鲁万大清真寺	西班牙托莱多马顿清真寺
突尼斯苏塞清真寺	西班牙塞维利亚大清真寺
阿尔及利亚阿尔吉尔清真寺	西班牙安达卢西亚科尔多瓦大清真

麦加

[禁寺]

MECCA

又称"圣寺"，伊斯兰教第一大圣寺。位于阿拉伯半岛麦加城（今沙特阿拉伯境内）中心，是全世界穆斯林礼拜朝向克尔白天房的所在地。穆罕默德生前将周围划为禁地，即禁止非穆斯林入内和狩猎杀生、斗殴等行为，故名禁寺。当时该寺只是一块东西宽、南北窄的露天礼拜场所，除克尔白外无其他建筑。638年，第二任哈里发欧麦尔扩大了院落，并修建了围墙。后又历经扩建。

圣寺建筑巍峨宏大，寺中心的偏南部位是克尔白天房。其周围的露天场地，面积为 10000 平方米，地面铺以大理石，专供礼拜及朝觐者绕天房巡行。环绕圣寺四周是长拱廊建筑，上下两条走道分开。圣寺的墙垣是一排圆柱，计892根，每两根圆柱之间有一个穹隆拱连接，每4根柱子上建有一个工艺精湛的圆顶，约计有500多个。圣寺原有大门25道，现已增建为97道，其中有3座主要的门。每门的两侧各建有两座92米高的尖塔，塔基宽度为7.7米，塔顶端置有包金青铜新月，从月牙立柱底部直上高达5.6米；另外还有一座尖塔，坐落在赛法山顶端。大门和尖塔由高达20米的围墙连接在一起。在克尔白天房的东南角离地1.5米的墙壁上，镶嵌着一块直径30厘米包有银边的黑石，相传为易卜拉欣留下来的"圣物"，朝觐者至此，抚摸或亲吻黑石。东面有一圆顶小阁，相传有易卜拉欣建造克尔白时留下的脚印，称为易卜拉欣立足处。现在，每年的伊斯兰教历12月上旬，约有近200万穆斯林从世界各地来麦加朝觐，聚会在麦加圣寺内举行。

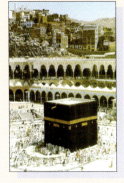

MEDINA

麦地那

[先知寺]

位于沙特阿拉伯麦地那的白尼·纳加尔区。伊斯兰教第二大圣寺。又称麦地那清真寺(Masjidal-Madinah)。622年9月，伊斯兰教先知穆罕默德率众从麦加迁往麦地那后修建，是继库巴清真寺后修建的第二座清真寺。该寺早期规模较小，建筑简陋，为一空旷大院，用石块铺地，用土坯砌成围墙，礼拜殿用枣椰树干作梁柱，用椰枣树枝和泥巴盖顶。寺长约52.5米，宽45米。寺内无装饰，夜间礼拜时用秸秆点燃照明，后安装油灯。现存的先知寺是1848年在奥斯曼帝国苏丹阿卜杜·麦吉德主持下重建的。

全寺总面积扩大为16326万平方米。该寺有5道门和10座尖塔，其中两座尖塔高达70米。豪华宽大的礼拜殿内，有精致的凹壁(米哈拉布)。殿内房顶每隔3米有一盏水晶玻璃吊灯。在寺的东南隅有一块用黄铜栏杆隔开的地方，是穆罕默德的陵墓。每年世界各地穆斯林凡到麦加朝觐者，有的也来此祈祷和礼拜，瞻仰先知寺和圣墓。

JERUSALEM

耶路撒冷
［远寺］

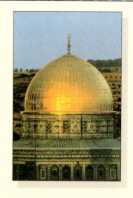

位于巴勒斯坦耶路撒冷城内。又名阿克萨清真寺（al-Masjid al-Aqsa）。寺名源于伊斯兰教先知穆罕默德于621年7月一个夜晚由天使吉卜利勒陪同自麦加乘天马到耶路撒冷登霄夜游七重天的传说。伊斯兰教第三大圣寺。该寺于705年由伍麦叶王朝哈里发阿卜杜勒·麦利克·本·麦尔旺主持始建，后由其子瓦利德于709年建成。该寺建在原圣殿教堂残存的基墙上，把教堂的完好部分也纳入其寺中。780年毁于地震，后几经翻修。现保存的大部分建筑为10世纪阿拔斯王朝第十九任哈里发戛希尔时代留下的。

远寺改建后，礼拜大殿长90米，高88米，约30层楼高，宽36米。殿内耸有53根大理石圆柱，49根大理石方柱，擎撑着屋顶。此前远寺只东西两面有门，因是面南礼拜，所以又开了一道北门。远寺整体建筑显得高大宏伟，气势壮观。大殿可容纳5000人礼拜。圆顶和北门为11世纪增建。西方历史学家称该寺是"地球上最豪华最优美的建筑物和历史遗产"。在圣寺大院内，还有一些辅助性的伊斯兰建筑，如纪念先知登霄的建筑物——登霄圆顶亭。

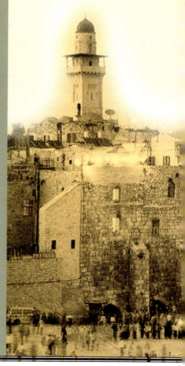

叙利亚清真寺

哲米拉清真寺

摩洛哥清真寺

蓝色清真寺

埃及哈桑清真寺

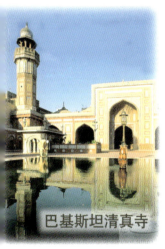

巴基斯坦清真寺

印度清真寺

穆斯林小常识

伊斯兰教的基本功修有五功

念功

指念"清真言",又指向真主"作证"。这段作证词是:"我作证,万物非主,唯有真主,穆罕默德是主的使者。"在伊斯兰国家,任何一个人只要在一位穆斯林面前念这个作证词,他就成为一个新穆斯林。

礼拜

是穆斯林向安拉表示感恩、赞美、恳求和禀告的一种宗教仪式,也是每个有理智的成年穆斯林的天职。伊斯兰教规定每个穆斯林每日五次礼拜,七日一次聚礼。礼拜要先沐浴、盛服、洁处、正时、向西、向安拉申告。礼拜的基本动作包括:端立、鞠躬、叩首、跪坐。

斋功

称为封斋。即在规定的时间里不吃、不饮、不交媾、不做任何非礼的行为。

捐课功

指穆斯林每年除正常消费开支外,剩余财产均应按一定比例缴纳天课。实际是一种宗教课税制度。

朝觐

这是任何一位穆斯林一生中最大的愿望。规定凡具一定条件的穆斯林,不分性别,生平必须亲赴麦加朝觐一次,特殊情况例外。

清真寺的建筑装饰特点:

内部装饰上严禁使用动物形象。较大规模的清真寺内部的雕刻和绘画,以花卉、叶藤或卷云等烘托出一段阿文的《古兰经》,或者以阿拉伯几何图案以及中国传统的牡丹、松竹、果品、荷花出水、文房四宝等作为装饰画面。

装饰的色彩上崇尚白色和绿色。

装饰布置上为了不使全寺过于庙堂化,在建筑装饰中比较注重小品建筑的点缀,如碑亭、鱼池、假山、楼阁、石栏等。